KB203612

나는 가끔 절에 갑니다

보리 김은주 그림 에세이

나는 가끔 절에 갑니다

프롤로그

책 제목 그대로 나는 가끔 절에 갑니다. 한적한 시간을 보내고 싶어서, 그냥 산길을 걷고 싶어서, 관광삼아, 시험합격, 가족건강 등 개인적인 소원을 빌기 위해 가끔 절에 갔습니다. 많은 사람들이 나와 같은 이유로, 나와 다른 이유로 절에 갔던 경험이 있을 것입니다.

그러다 어느날 문득 나의 이야기들을 글로 쓰고 그림을 그려 책으로 만들고 싶어졌고, 그래서 실행에 옮겼습니다. 무엇보다 글이 많지 않으면서도 책 한권을 읽는데 노력과 인내 없이도 책장이 쉽게 넘어가는 책을 만들고 싶었습니다.

슬리퍼를 신고 수수한 옷차림으로 동네 한바퀴 산책하듯 이 책의 글과 그림을 편하게 보아주시면 좋겠다는 생각입니다. 누가 나의 글을 관심 있게 읽어 줄까 싶기도 하지만 다른 한편으로는 누군가가 나의 책을 읽어준다는 것만으로도 가슴벅참을 느낍니다. 그리고 이 책의 편집을 맡아준 남편 최해룡에게 허공보다 깊고 넓은 사랑을 보냅니다. 🌱

서기 2020 가을즈음, 보리 김은주

🌿 세번째 이야기

🌿 네번째 이야기

🌿 다섯번째 이야기

첫번째 이야기

🌱 절에 가면

절에 가면 기와지붕에 오방색의 단청으로 장식한 전
각이 있습니다. 대웅전, 관음전, 지장전 등 각각 이름이
한자로 새겨져 있는데 처음엔 어디가 어딘지 잘 몰랐습
니다. 이곳저곳을 기웃거리다 사람들이 제일 많이 들어
가는 곳에서 절을 했습니다.

나는 불교적인 상식은 없었지만 희끗희끗 낡은 단청,
멀리 보이는 산, 키 큰 나무, 쾌적하게 불어오는 바람,
탁 트인 푸른 하늘을 올려다보면 왠지 마음이 평온해지
는 것을 느끼곤 했습니다. 그래서 나는 가끔 절에 가는
것이 좋았습니다. 🌿

보리 김은주 그림에세이

🌸 대웅전에 앉아 있으면

절에 가면 가장 먼저 눈에 들어오는 곳이 바로 대웅전입니다. 그곳에는 석가모니 부처님이 황금색으로 빛나고 있습니다. 가끔 텅 비어 아무도 없을 때가 있는데 텅 빈 대웅전에 방석을 펴고 조용히 앉아 있으면 잠시나마 시끄러웠던 내 마음이 고요해집니다. 일상으로 돌아오면 다시 여러가지 생각들로 복잡해지지만 조금이나마 한적함을 느껴봅니다.

텅 빈 혼자라는 느낌이 싫지는 않았습니다. 오히려 혼자라는 충만감이 익숙해질수록 마음이 편안해지는 것 같았습니다. 책상 위에 어지럽게 흩어진 물건을 정리하듯 홀로 있는 시간은 나의 내면적인 여러 감정을 정리할 수 있게 해줍니다. 🍃

🌷 수능시험을 앞두고 가장 붐비는 곳

수능시험을 앞두고 절에서 가장 많은 사람들로 붐비는 곳이 바로 관음전입니다. 수능합격, 소원성취 기도를 관음전에서 하는 분들이 많습니다. 그곳에는 관세음보살님을 모셔둔 곳이기도 합니다. 관세음보살님은 자비의 마음으로 중생을 제도하며, 중생이 고난 중에 그 이름을 열심히 부르면 곧 구제를 받는다고 하는 보살입니다.

매달 음력 24일은 관음재일이라고 하여 관세음보살님을 기리는 날인데 이날 절에 떡을 올리고 기도를 하는 분들이 많이 있습니다. 나도 특별한 일이 있을 때는 관음재일에 떡을 올리고 기도를 했습니다.

사람이 간절한 소원이 있을 때 기도라는 것을 하게 되는데, 개인적으로 이 '기도'라는 단어를 참 좋아합니다. 누군가의 시험합격, 건강, 잘 되기는 바라는 마음을 담아 정성을 들여 기도하는 마음은 인간이 할 수 있는 일 중에 가장 순수하고 고귀한 것이라는 생각이 듭니다. 🌿

❀ 절이 있어 다행이다

절에는 목조건축, 부처님 모습의 조각, 정교하게 만들어진 탑, 오 방색의 단청, 벽에 그려진 벽화, 목탁과 촛대의 공예품, 현판과 주 련에 쓰고 새겨진 서예가 있습니다. 말하자면 건축, 조각, 회화, 공 예, 서예라는 예술품이 총망라되어 있는 고미술박물관이자 예술품 을 감상할 수 있는 갤러리이기도 합니다.

전국 곳곳의 아름다운 사찰들은 시대를 거슬러 올라가 오래전에 지어진 것들인데 자동차라는 운송수단도 없던 시절에 무거운 돌과 귀한 재료들을 어떻게 운반하고 마련했는지 옛 선조들의 노력과 정 성이 대단하다는 생각을 합니다. 아마도 정성과 노력에 불심이라는 굳은 신심이 바탕이 되었기에 가능했으리라 짐작합니다.

내 곁에 언제든 마음만 먹으면 손쉽게 찾아갈 수 있는 절이 있다 는 것에 새삼 고마운 마음이 듭니다. 느린 걸음으로 절을 한바퀴 둘러보는 것만으로도 마음의 힐링이 됩니다. 🌿

🌱 부처님이 나를 보고 웃는다

대웅전에 들어가 부처님을 올려다봅니다. 어떤 날은 부처님이 나를 꾸짖는 듯하고, 어떤 날은 자애롭게 미소 지으며 내려다보는 듯합니다. 모두 마음이 만들어낸 현상일 뿐입니다. 내 마음이 이랬다저랬다 하는 것일 뿐입니다. 사람은 자기 생각 속에서 살아가니까요. 🍃

절에 가면 마음이 편안해진다

절에 비가 옵니다.

비에 젖은 탑과 나무는 색이 더욱 선명합니다. 우산을 쓰고 절 마당을 걸으면 운치가 있습니다. 밝고 화창한 날씨에는 오색단청이 햇빛에 반사되어 더욱 화려하게 빛나고, 안개속에 잠들어 있는 절 은 은은한 먹빛 산수화처럼 차분하게 보입니다. 사시사철 절은 늘 아름답게 우리 곁에 있습니다.

절에 가서 조금 걷기만 해도 마음이 부드러워지고 편안해집니 다.

🌷 대웅전에서 촛불을 밝히다

절에 가면 초를 팝니다. 도시생활에서는 초를 사용할 일이 없지만 절에서는 쓰일 곳이 많습니다.

초에는 소원성취나 佛이라는 글자가 써져 있는데 이것을 부처님 전에 올려놓고 절을 합니다. 성냥으로 불을 붙이면 조그맣고 예쁜 주황빛의 불꽃이 피어납니다. 초에 불을 붙이면 어두운 방안이 순식간에 환하게 밝아지듯 때때로 어두워지는 나의 마음도 한순간에 환하게 밝아졌으면 좋겠다는 생각을 합니다.

🌷 부처님께 올리는 쌀

　예전에는 시골에서 쌀이 오면 제일 먼저 한그릇 퍼 담아 놓았다가 다음날 절에 가서 부처님전에 올렸습니다. 요즘은 절에 가면 작은 봉지에 쌀을 담아 팔고 있는데 그것을 사서 올리기도 합니다.

　부처님전에는 나 말고도 다른 사람들이 각자의 소원을 담아 올려 놓은 쌀들이 많이 있습니다. 작은 봉지의 쌀도 있고 10키로, 20키로 등 커다란 봉투에 담겨진 쌀도 있습니다.

　쌀을 올리고 두손을 모아 합장을 하고 삼배(세번 절을 하는 것)를 합니다. 그 순간만큼은 나도 모르게 경건해지고 조금은 엄숙해지 기분이 드는게 나는 좋습니다. 🌿

🌱 마지 올리기

부처님께 올리는 밥을 마지라고 하는데, 절에서는 하루에 한번 부처님전에 마지를 올립니다. 제법 무거운 그릇에 금방 지은 따끈한 밥을 밥주걱으로 꽁꽁 눌러서 담아 올립니다.

나는 김해 은하사에서 종무원으로 일할 때 가끔 직접 마지를 올리기도 했는데, 부처님께 마지를 올릴 때는 세상에서 가장 중요한 요직을 맡은 사람처럼 어깨에 힘이 들어가곤 했습니다.

마지를 들고 법당에 들어가면 이미 법당에는 많은 사람들이 예불에 참석하고 있습니다. 그 사람들 틈을 비집고 들어가 목탁을 치는 스님을 지나 마지를 부처님전에 내려놓고, 마지 뚜껑을 열 때는 혹시나 뚜껑을 바닥에 떨어뜨리는 실수를 할까봐 마음이 쪼그라들기도 했습니다.

내 인생에서 은하사에서 종무원으로 일하며 부처님전에 마지를 직접 올릴 수 있었던 것은 단순한 경험을 넘어 귀한 인연이며 행복한 순간이었습니다. 🌿

특별한 날에는 떡공양을 한다

절에 가면 부처님 앞에 떡이 올려진 것을 볼 수 있습니다. 사람들은 소원성취를 위한 기도를 하거나 축하할 일이 있을 때 부처님 전에 떡을 올립니다.

떡을 직접 사서 들고 오는 경우도 있지만 대부분의 사람들은 사찰 인근 떡집에 미리 주문을 해서 사찰로 배달시키는 경우가 많습니다. 그렇게 올려진 떡은 얼마간 시간이 지난 후 많은 사람들이 나눠서 먹는데 나는 종무소 일을 하면서 다양한 떡을 맛볼 수 있었습니다.

특히 백설기는 우유와 먹으면 맛있고, 팥떡은 흩어져있는 팥고물을 집어먹는 재미가 있고, 모둠떡은 고명으로 올려진 고소한 밤맛이 좋습니다.

요즘도 나는 100일 기도를 시작할 때 언제나 부처님전에 떡을 올리고 기도를 합니다. 특별한 날 특별한 의미를 담을 수 있는 떡은 모양도 예쁘고 맛도 좋습니다.

얼마 전에는 백설기를 도서관 선생님들과 나눠먹었는데 "무슨 특별한 날이라 떡을 한거냐"고들 물어봤지만, 나는 "떡이 먹고 싶어서"라고만 대답했습니다.

그렇지만 사실은 이 책이 잘 만들어지길 바라는 마음을 담아 떡을 했던 것이었습니다. 작은 것이지만 함께 나누어 먹는 것도 일상의 소소한 즐거움이 됩니다.

🌷 기와에 소원을 쓰다

절에 가면 까만 기왓장에 하얀 펜으로 가족 이름과 소원이 써진 것을 볼 수 있습니다. 사람들이 쓴 글들은 대략 가족건강, 시험합격, 사업번창입니다.

우리 모두는 겉으로는 각자 다른 삶을 살고 있지만 안으로 들여다보면 비슷비슷한 소원을 품고 살아가나 봅니다. 🍃

卍 당신이 주인공입니다.

풍경소리를 들으면

절에는 기와 처마 밑에 물고기 모양의 풍경이 달려있습니다. 바람이라도 불면 청량한 소리가 납니다.

풍경소리는 여름에 들으면 시원하고, 겨울에 들으면 따뜻하고 어느 계절하고도 잘 어울리는 자연의 소리입니다.

그런 풍경소리가 좋아서 우리집 현관에는 부엉이 모양의 풍경을 사서 걸어 놓았습니다. 한적한 절에서 풍경소리를 들으면 뾰족했던 내 마음이 어느 순간 순해집니다.

살면서 모가 나고 예리해지는 내 마음을 둥글게 만들 필요가 있다는 생각을 합니다.

卍 이 순간이 전부입니다.

🌱 느린 걸음의 살찐 고양이

절 입구에서 느릿하게 걷는 살찐 고양이를 봅니다. 내가 은하사로 출퇴근할 때마다 만나는 노란 줄무늬 고양이는 커다란 바위에 앉아 늘 내게 아는 척을 해주었습니다.

어느 햇살 좋은 봄날, 살찐 고양이의 느긋한 걸음걸이가 한적하고 고요한 절의 분위기와 잘 어울렸습니다. 🍃

목탁소리

　예불 시간에 맞추어 절에 가면 스님이 목탁치는 모습을 볼 수 있습니다. 목탁은 그 생김새도 독특하지만 나무로 만든 것에서 나는 소리치고는 꽤나 훌륭합니다.

　목탁소리는 마치 텅 비었는데 가득 찬 것 같은, 깊은 잠을 자고 있는 모든 것들을 깨우는 소리라고나 할까요.

　은하사에서는 점심시간을 알릴 때 목탁을 두드리는데 간혹 내가 점심 목탁을 칠 기회가 오면 기쁜 마음으로 달려가 목탁을 쳤습니다.

　나는 마치 출가한 스님이나 된 것처럼 어깨에 한껏 힘을 주고 쳤지만, 목탁소리는 어설프기 짝이 없는 둔탁한 소리였습니다. 목탁을 직접 쳐 볼 수 있었던 것은 나에게 좋은 추억으로 남았습니다.

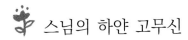 스님의 하얀 고무신

    돌 위에 스님의 하얀 고무신 한켤레가 있습니다. 아마도 스님이 고무신을 벗어 놓고 법당으로 들어가신 모양입니다.

    그 하얀 고무신 옆에 작은 꽃도 보입니다. 돌 위에 가지런히 올려진 하얀 고무신과 보라색 꽃이 어우러져 아름답습니다.

    도시에서는 사라진 고무신이 절에서는 흔한 풍경입니다. 군더더기 없이 단순한 고무신의 생김새가 내 눈에는 예뻐만 보입니다.

卍 내 마음의 꽃밭에
긍정과 행복의 물을 줍니다.

🌷 석탑을 돌며

절에는 돌로 만든 탑이 있습니다. 무늬가 조각되어 있는 것도 있고 단순하게 만들어진 것도 있습니다.

나는 비바람에 쓸려 퇴색되고 마모되어 모서리가 둥그스름한 오래된 석탑을 좋아합니다. 오래된 석탑 주변에 듬성듬성 자라고 있는 잡초도 마치 그 석탑과 한세트처럼 잘 어울립니다.

오래전 통도사 수련회에서 새벽예불을 마쳤을 때 푸른 새벽 공기 속에 석탑이 아름답게 서 있었던 기억이 납니다.

두손을 모아 합장하고 석탑을 세바퀴 돌며 심호흡을 깊게 하면 흐트러지고 번잡했던 내 마음이 하나로 모아지는 것 같았습니다. 🍃

🌱 바위에 새긴 부처님

자연의 암벽이나 동굴 벽에 새긴 불상을 마애불이라 하는데, 내가 바위에 새겨진 부처님을 직접 본 것은 해남 대흥사에서였습니다.

대흥사의 마애불을 보기 위해서는 깊은 산속 큰 바위를 징검다리처럼 밟고 한참을 올라가야 했는데, 집채만한 마애불 바위는 야외에 있는 것이 아니라 잘 지어진 전각 안에 안전하게 모셔져 있었습니다. 실제로 거대한 바위에 새겨진 부처님을 보니 그 크기와 정교한 조각에서 느껴지는 감동은 대단했습니다. 그때 내가 받았던 감동은 몇년이 지난 지금도 내 맘속에 고스란히 남아 있습니다.

경주 남산에도 곳곳에 마애불이 있는데 내년에는 직접 가서 보고 스케치를 할 생각입니다.

이렇게 무엇인가 계획하고 그 계획한 날들이 차곡차곡 다가오는 것에서 작은 행복을 느끼곤 합니다. 물론 그 계획이 뜻대로 되지 않는다 해도 실망하지는 않을 겁니다. 계획을 세웠지만 뜻대로 되지 않는 것이 인생이니까요. 🍃

범종

범종은 새벽예불 때 28번을 울리고, 저녁예불 때 33번을 울립니다. 나는 어느 겨울날 송광사 새벽예불에서 추위와 어둠을 가르고 한줄기 빛처럼 들려오던 범종소리를 잊지 못합니다.

범종소리가 다 비슷비슷하겠지만 30대 중반 즈음 내가 절망의 끝에 서 있을 때 들었던 송광사 범종소리는 다시 삶을 이어가도록 생명의 끈을 쥐여준 듯했습니다. 마치 수백년 동안 깊은 잠을 자다가 다시 깨어나게 해주는 그런 울림이었습니다.

지금도 새벽 송광사 새벽예불의 범종소리는 언제나 내 맘속에 메아리로 남아 있습니다. 아마도 그렇기 때문에 송광사는 아주 특별한 사찰로 기억되고 있는지도 모르겠습니다. 꽃 피는 봄보다는 추운 겨울에 다시 송광사를 가보고 싶습니다. 🌿

卐 캄캄한 밤 하늘에도
별은 언제나 빛나고 있습니다.

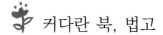 커다란 북, 법고

스님이 옷자락을 현란하게 흩날리며 두드리는 커다란 북. 그 북은 법고라고 하는데 범종과 마찬가지로 새벽예불과 저녁예불 때 사용됩니다. 법고는 여러명의 스님이 번갈아가며 두드리는데 시간은 제법 길게 진행됩니다.

법고를 칠 때마다 이리저리 휘날리는 스님의 옷소매 자락은 그 어떤 무용수의 동작보다도 아름답고 숙련된 마스터의 모습입니다.

짧고 길게 혹은 강하고 약하게 두드리는데, 화려하지 않은 담백한 악기 같습니다. 큰 사찰의 새벽예불이나 저녁예불 시간에 맞추어 가면 이 멋진 광경을 직접 볼 수 있습니다.

🌷 나무로 만든 물고기 모양의 목어

나무를 잉어처럼 만든 기구로 길이는 1미터 가량 되는데 뱃속의 안쪽은 파내어 막대기로 두드리면 소리가 나게 만들어 놓은 것이 목어입니다.

내가 본 목어 중에 가장 아름다웠던 목어는 부석사의 목어였습니다. 조각도 멋있지만 겉에 칠해진 색깔도 알맞게 퇴색되어 은은하고 우아했습니다.

이 목어 역시 새벽, 저녁예불 때 사용되는데 물고기 모양이라고는 하지만 얼굴은 흡사 용의 모습과 많이 닮아 있습니다. 절에 가면 이렇게 오래된 조각품, 문화재를 가까이 접할 수 있어 자연 속의 박물관을 둘러 보는 것만 같습니다.

오래전 누군가 만들어 놓은 절이라는 공간에서 현재의 내가 보고, 감상하며 즐기고 있습니다. 목어라는 조각품을 만들어낸, 옛날 어떤 조각가의 노력에 감사하는 마음도 듭니다. 🌿

卍 작고 사소한 것 속에
소중한 것이 들어 있습니다.

🌱 성보박물관 둘러보기

큰 절에는 성보박물관이 있습니다. 이곳에는 불교문화재를 보관,
전시하고 있습니다.

성보박물관에서는 고정적으로 진행하는 전시도 있고, 일반 작가
들의 작품을 상설 전시하기도 합니다. 절에 들른 김에 성보박물관
을 둘러보면 귀한 문화재를 감상할 수 있습니다.

나는 통도사 성보박물관을 관람하고, 음료수를 마시며 소나무 숲
길을 걸어 나오기도 했습니다. 이래저래 절에 가면 감상할 것들이
많습니다. 🍃

卍 하나뿐인
　나의 인생을
　나답게 살아갑니다.

🌸 아름다운 스님

스님의 모습은 우리들과는 확연히 다릅니다. 삭발한 머리 모양, 회색의 승복, 하얀 고무신 등 우리들과 다른 차림새에서 나는 어떤 신선함 같은 것을 느낄 때가 있습니다.

한때 나도 머리를 삭발하고 회색의 승복을 입고 싶었던 적이 있었으나 끝내 실행에 옮기지는 못했습니다. '출가'라는 단어를 마음에 품고 '출가'라는 단어에 한없이 가슴이 설레기도 했지만 나는 지금 결혼을 했고, 치맥을 즐기며 가끔 절에 가는 사람으로 남았습니다.

가끔 절에 가는 사람으로 그림을 그리며 사는 현재의 나의 삶도 만족합니다. 이렇게 사람의 마음은 아주 쉽게 변하고, 그 변화된 것에 잘 적응하며 살아갑니다. 🍃

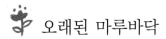 ## 오래된 마루바닥

밟으면 삐그덕 소리가 나는 오래된 마루바닥이 있는 대웅전. 오래되었는데 잘 닦아서 반질반질한 마루바닥은 여름에는 시원합니다. 오래된 사찰에 가야 오래된 마루바닥을 밟아볼 수 있습니다. 특유의 아름다운 갈색 빛깔을 띠는데, 그 어떤 물감의 색으로도 표현할 수 없는 자연의 나무 색깔입니다.

특히 통도사나 송광사의 오래된 마루바닥에 서서 부처님께 합장을 하면, 너무나 귀한 공간에 들어와 있는 느낌이 듭니다.

여름에 대웅전에 들어가면 일부러 방석을 깔지 않고 앉아 풍경소리를 들었습니다. 나는 오래되고 낡은 것에서 편안함을 느낍니다. 🌿

비록 영화처럼 극적인 인생이 아니어도
각자의 삶 속에는
충분히 아름다운 것이 들어 있습니다.

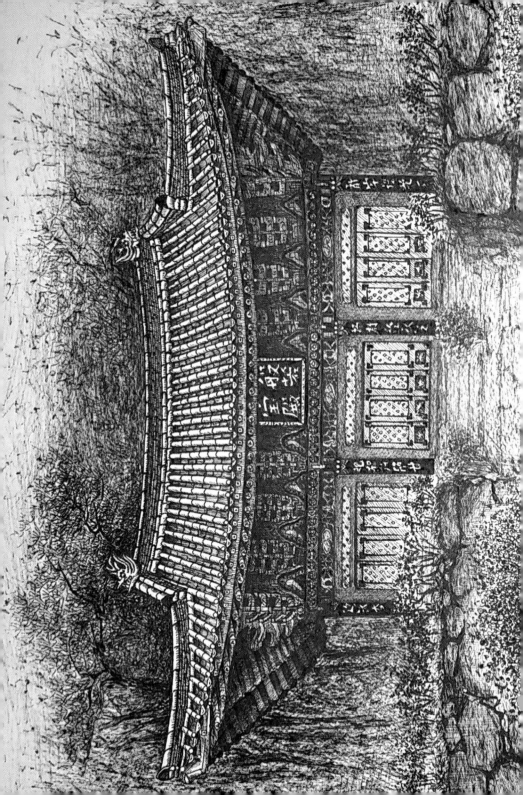

두번째 이야기

❀ 송광사 새벽예불

한겨울 새벽 3시에 도량석이 울립니다. 털어 내어도 털어지지 않는 잠을 뒤로하고 캄캄한 절 마당을 걸어가니 대웅전이 환하게 빛나고 있습니다.

대웅전에는 수십 개의 방석이 나열되어 있고, 이내 스님들이 들어와 삼배를 하고 앉습니다. 법당 안에는 차가운 겨울바람과 고요한 침묵만이 가득 찹니다.

얼마간 침묵이 흐른 뒤 세상의 모든 번뇌를 단박에 날려 보내는 웅장한 범종이 울려 퍼지고 장엄한 새벽예불이 시작됩니다.

송광사 새벽예불을 보기 전까지 나는 '장엄하다'라는 단어가 무엇을 의미하는지 잘 몰랐습니다. 장엄하다라는 말은 마치 송광사 새벽예불을 위해 만들어진 단어라고 느껴질 정도였습니다.

　내가 지금까지 보아온 모든 것들 중에 단연코, 그날 내가 보았던 송광사의 새벽예불만큼 아름다운 것은 없었습니다.

　그래서 송광사는 늘 가보고 싶고 그리운 사찰로 남아 있나 봅니다.

　나는 매달 송광사에서 보내어주는 송광사 사보를 기다리며 우체통을 확인하고, 새해가 시작되면 송광사 달력을 방안에 걸어 놓습니다. 🍃

🌱 통도사 금강계단

   통도사에 가면 부처님의 진신사리를 모셔놓은 금강계단이 있습니다. 금강계단은 모양도 특이하지만 곳곳에 수백년 전 새긴 조각을 감상할 수 있습니다. 다양하게 새겨진 조각을 보면 세월의 흔적을 느낄 수 있습니다. 새로운 조각보다 빗물과 세월 때문에 자연스럽게 깎인 조각에는 편안함이 묻어있습니다. 야외에 전시된 귀한 문화유산인 셈입니다.

   금강계단 뒤로 울창하게 뻗은 소나무도 아름답습니다. 힘껏 숨을 들이쉬면 진한 소나무 향이 느껴집니다. 소나무 머리 위로 펼쳐진 파란색 하늘을 보면 내 마음도 어느새 편안하게 쉬어가게 됩니다. 🌱

김해 은하사에는 신어가 산다

김해 은하사는 가락국 수로왕 때 장유화상이 창건한 사찰로 임진
왜란 때 건물 전부가 불타 소실되어 1629년(인조 7년)에 대웅전을
중수한 이후 1649년(효종1년), 1801년(순조 1년) 두차례 걸쳐 보
수되었고, '달마야 놀자'라는 영화의 촬영지이기도 했습니다.

김수로왕은 그 옛날 인도 아유타국에서 온 허황옥과 결혼을 했는
데, 허황옥의 오빠는 3년을 수도한 끝에 신선이 되었다는 장유화상
이기도 합니다. 김해 은하사 산신각에 가면 허황후 오빠이자 승려
였던 장유화상의 초상화가 걸려있기도 합니다.

대웅전 대들보와 곳곳에는 머리는 용의 모양을 하고 몸은 물고기
의 모양을 한 '신어'가 그려져 있습니다. 나는 신어가 그려진 대들
보 아래 널찍한 대웅전에 앉아, 관세음보살님을 올려다보며 한적한
시간을 종종 즐겼습니다.

은하사 아래동네에 살 때는 남편과 함께 50일 동안 새벽기도를 했습니다. 캄캄한 새벽 2시가 조금 넘으면 우리는 나무지팡이를 들고 손전등으로 불을 밝히며 은하사를 향해 걸었습니다.

우리는 대웅전에 도착해 새벽예불을 하고 참선의 시간을 가졌습니다. 새벽공기는 너무 추웠고 걸어가는 길은 힘들었지만 지나고 보니, 신심과 환희심으로 가득 한 날들이었습니다.

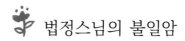 법정스님의 불일암

오래전, 개인적인 일로 한참 마음이 힘들 때 송광사에 간 김에 법정스님의 불일암에 올라갔습니다.

불일암에 도착해 법정스님이 만든 나무의자에 앉아 굽이굽이 펼쳐진 산을 내려다보고, 아담한 수돗가에서 물도 한 모금 마셨습니다. 당시는 법정스님이 강원도 어느 산골에 계실 때였습니다.

때마침 법정스님이 아낀다는 매화나무에 꽃이 하나 둘 피기 시작하고 있었습니다.

작은 대웅전은 문이 잠겨있었는데 유리창 너머로 보이는 작은 마루에는 법정스님의 '무소유' 책이 여러권 책장에 꽂혀있었습니다. 아무도 없는 불일암에서 경치를 둘러보며 한참을 앉았다 내려왔습니다.

절은 그렇게 잠시 앉았다가만 와도 마음이 정리가 되고 사람에게 위안을 주는 그런 곳입니다. 🌿

卍 안 좋았던 기억보다
　행복했던 기억을 자주 떠올리며
　긍정의 마음을 연습합니다.

🌸 경주 분황사와 순두부

　분황사 법당에는 원효스님의 초상화가 걸려있습니다. 마당에는
특이한 형식의 거대한 탑이 있는데, 벽돌 모양으로 다듬어 쌓은 모
전석탑으로 국보입니다. 윗부분은 모두 소실되고 현재 3층만 남았
습니다.

　탑의 네 모퉁이에는 화강암으로 조각된 사자가 배치되어 있기도
합니다. 3층도 이렇게 거대한데 원형이 그대로 보존되었다면 어마
어마하게 웅장한 탑이었을 것입니다.

　분황사는 산속에 있는 사찰도 아니고 차도 옆에 있어 찾아가는
것이 쉬워 나는 봄이면 꽃구경 삼아 경주에 가곤 했습니다.

卍 오늘이라는 삶이 이어진 것만으로도
우리 인생은 반짝이는 보석과 같습니다.

분황사 입구에는 매표소가 있는데, 입장료를 내고 받는 분황사 사진이 인쇄된 작은 관람증 같은 종이를 받는게 특히나 좋았습니다. 매년 분황사 관람증을 스크랩하여 모아두기도 했습니다.

요즘 다른 사찰에서는 입장료를 내면 슈퍼마켓에서 물건을 계산하고 받는 무미건조한 영주증을 주는 게 아쉽습니다.

그렇게 분황사를 참배하고 나와 근처 고추가루가 들어가지 않은 밋밋한 색깔의 순두부를 먹고 다시 집으로 돌아왔습니다. 그 순두부 맛은 생각보다 너무나 맛있어서 분황사를 떠올리면 자연스레 그 순두부가 생각이 납니다.

내년 봄에도 경주 분황사를 참배하고 순두부도 먹을 생각입니다. 🌿

🌱 통도사 서운암

 통도사를 중심으로 산내에는 많은 암자들이 있습니다. 그중에서 서운암에는 유명한 것이 많습니다.

 수많은 장독과 지천으로 피어있는 야생화, 동물원에서나 봤던 공작들이 사람들 사이로 자유롭게 걸어 다니고, 도자기로 구운 삼천 부처님 불상이 있으며, 천연염색 축제, 도자기로 구운 16만 도자대장경, 한국화의 한부분을 차지하는 민화가 활발히 제작되고 있는 곳이기도 합니다.

 이 모든 것들을 가능하게 하신 분은 현재 통도사 방장 성파스님입니다.

 성파스님은 승려이면서도 서예, 산수화, 한국화(민화), 도자기, 천연염색 등 여러 분야에서 최고의 예술가이기도 합니다. 나는 산수화 한 분야를 하는 것도 시간이 부족할 때가 있는데 여러 분야를 그것도 최고의 예술가로 활동하시는 것을 보면 정말 대단하신 분이라는 생각이 듭니다.

 돌아오는 봄에는 야생화가 피고, 축제가 열리는 서운암에서 봄날을 즐기고 싶습니다. 🌿

dharma

卍 꽃이 피는 날이 있으면
꽃이 지는 날도 있습니다.

해인사 팔만대장경

해인사는 띄엄띄엄 몇번 갔습니다. 성철스님이 수행하셨던 백련
암을 가기 전에 해인사를 들르기도 했습니다.

가파른 계단을 올라가면 나무 문틈 사이로 팔만대장경이 보입니
다. 팔만대장경을 모셔놓은 건축도 멋있지만, 그 수많은 나무에 오
타 하나 없이 조각했다는 것도 엄청난 감동이었습니다. 조각하기
전에 무거운 나무판을 바닷물에 담구어 뒤틀림을 방지했다는 역사
적인 기록도 그 정성을 생각하면 경건해집니다.

원래 그곳은 사진 촬영이 금지되어 있었는데, 한번은 몰래 사진
을 찍다가 관리자분께 꾸지람을 들은 적도 있었습니다. 🌿

운문사의 막걸리 먹는 소나무

청도에 있는 운문사는 하늘처럼 깨끗한 눈빛의 비구니 스님과 멋진 소나무가 있습니다.

처음 그 소나무를 보았을 때, 생긴 모습이 우아하고 아름다워 한바퀴 돌면서 사진을 찍어대기에 바빴습니다. 그 소나무는 봄가을로 두번 막걸리를 부어준다고 합니다. 막걸리 먹는 소나무라니.

운문사는 전체적으로 예쁜 꽃들과 소나무가 동화책에 나오는 그림처럼 잘 가꾸어져 있다는 느낌을 받았습니다.

한때, 부산 서면에서 유명한 도너츠를 300개 정도 박스에 담아 택시와 기차, 또다시 택시를 타고 운문사 스님들께 공양을 올린 적이 있습니다. 그때는 택배라는 것이 없던 시절이기도 했고 스님들께 공양을 올리고 싶은 마음 하나로 힘든 줄도 모르고 달려갔었습니다.

손가락이 모자랄 정도로 도너츠 박스를 거의 이고지면서 갔었는데, 사람이 마음과 정성만 있으면 못할 일이 없다는 걸 그때 알았습니다. 🌿

권 기도하는 마음은
예쁜 꽃과 같은 마음입니다.

🌸 불국사 새벽예불

　십원짜리 동전에 새겨진 탑은 불국사 다보탑입니다. 다보탑은 우리나라 역사상 유래 없이 특이한 모양으로 만들어진 탑이기도 합니다.

　한때, 친구들과 불국사 근처로 놀러 간 적이 있었습니다. 우리들은 치킨에 맛있는 것을 잔뜩 먹고 늦게 잠이 들었지만 다음날 새벽예불을 하기 위해 잠이 덜깬 채로 불국사로 향했습니다.

　새벽 3시가 조금 넘은 시간에 대웅전 문을 열었더니 스님들은 예불을 시작하고 계셨습니다. 촛불에 의지해 불을 밝히고 있었기에 다소 어두컴컴했지만 차가운 겨울 공기와 스님의 목탁소리는 청량했습니다.

　한참도 더 지난 일인데 불국사를 떠올리면 그때 친구들과 함께 했던 불국사 새벽예불이 생각납니다. 새벽예불은 정말로 아름답습니다. 🍃

🌱 현각스님의 독일 불이선원

　현각스님은 미국인으로 하버드대를 다니던 시절 숭산스님을 만나게 되고, 결국 한국에 와서 스님이 되어 수행을 하였습니다.

　당시 현각스님이 펴낸 책은 꽤나 유명했는데, 나도 그때 현각스님의 책을 읽었습니다. 그리고 십여년이 흐른 후, 불교방송에서 현각스님의 '살아있는 금강경'이라는 법문을 생각없이 흘려들으며 그저 '유쾌하게 법문을 하시는구나', '외국인인데 한국말을 참 잘하시는구나'라는 생각뿐이었습니다. 그리고 몇년의 시간이 또 흘렀습니다.

　나는 부산에서 금강경 수업을 듣던 중 현각스님의 '살아있는 금강경'이 생각나서 다시 들었습니다.

　현각스님의 금강경을 한번은 필기를 하면서 듣고 두번은 그냥 들었습니다. (사실, 불교공부는 인문학공부도 아니고 지적 유희에 그쳐서도 안되므로 필기를 할 필요가 전혀 없습니다만, 당시에 나는 불교공부를 인문학공부 쯤으로 여기는 오류에 빠져있었습니다.) 그러면서 인터넷에 올려진 현각스님의 다른 법문을 적극적으로 모두 찾아서 듣기 시작했습니다.

그러다가 현재 현각스님이 독일 레겐스부르크에 불이선원을 열어 수행을 하시며 사람들에게 참선수행 공부를 가르치고 있다는 것을 알게 되었습니다. 현재 현각스님은 유튜브(cloudpath108)를 통해 아침, 저녁예불과 참선을 실시간 스트리밍으로 진행하시는데 요즘 나도 열심히 그 시간에 맞춰 예불, 참선을 함께 하고 있습니다.

인터넷을 통해 매일 독일의 불이선원이라는 사찰에 가고 있는 셈입니다. 현각스님의 '살아있는 금강경'과 인터넷에 올려놓은 '선이란 무엇인가?(what is zen?)'라는 법문, 그리고 메일로 받은 질문에 모든 사람들이 들을 수 있도록 설명해 주시는 것에 무한한 감사와 함께 마음으로 삼배를 올립니다.

현각스님은 오늘도 사람들에게 이렇게 일깨워 주고 있습니다. "come back!!!" 🍃

부산 남포동에도 절이 있다

남포동, 국제시장, 자갈치시장은 복잡하고 번화한 곳이지만 그곳에도 절이 있습니다. 번화가 도로변에 대각사라는 오래된 절과 용두산공원을 향해 올라가는 길목에 미타사라는 절이 있습니다.

대각사는 영화의 촬영지로도 잠시 나온 적이 있는데, 대웅전 바닥이 특이하게 조성되어 있습니다. 나는 다리도 좀 쉬고 앉아서 땀도 식힐겸 해서 꼭 대각사를 들렀다 오곤 했습니다.

대각사 입구까지는 그야말로 사람들이 왁자지껄한데 일단 한발만 들여놓으면 조용한 절로 들어서게 됩니다. 마치 애니메이션 센과 치히로의 행방불명에서 긴 터널을 통과하면 불현듯 딴 세상이 나오는 것처럼, 그렇게 한발만 들여놓았을 뿐인데 남포동의 번화함과는 거리가 먼, 아주 딴판의 조용한 곳으로 들어서는 느낌을 받습니다.

대각사 마당의 외모가 훌륭한 나무들을 감상하며, 물도 마시고 짧게나마 조용한 시간을 보낼 수 있습니다. 또 용두산공원 올라가는 길에 위치한 미타사는, 계단을 끝까지 올라가면 야외에 세워진 웅장한 관세음보살님을 만날 수 있습니다. 남포동을 제법 높은 시점에서 내려다볼 수 있어 가볼 만한 절입니다. 🌿

🌸 청안스님의 헝가리 원광사

헝가리 출신의 청안스님은 현각스님과 함께 숭산스님의 제자입니다. 내가 청안스님의 법문을 처음 들은 것은 불교방송에서였습니다.

청안스님은 수행의 과정을 칠판에 그림과 글을 이용해 자세히 설명하며 수업을 진행했습니다. 불교의 수행을 두리뭉실하게 심오하게 알 수 없는 것으로 포장하지 않고, 자세히 설명해 주셨습니다.

청안스님의 심우도에 관한 법문은 정말 대단했습니다. 모든 것이 명쾌하게 진행되는 법문이었습니다.

또 청안스님은 헝가리 에스테르곰에 한국절 조계종 원광사를 건립했습니다. 헝가리에 한옥으로 사찰을 만들다니 대단한 성과입니다. 청안스님의 법문을 들을 수 있었음에 감사하는 마음입니다. 🌿

🌸 틱낫한 스님의 프랑스 플럼빌리지

프랑스 플럼빌리지에 참선, 걷기 수행공간을 만들어 놓은 사람이 바로 베트남의 틱낫한스님입니다. 승려뿐 아니라 일반인들도 사회생활을 하면서 주말이나 시간이 날 때 플럼빌리지에 가서 틱낫한스님의 법문을 듣고 참선과 걷기 명상을 함께 할 수 있다니 멋진 일입니다.

나는 주로 불교방송에서 틱낫한스님의 법문을 듣고 책을 읽었는데, 플럼빌리지라는 곳은 드넓은 초록들판에 자리잡고 있었습니다. 넓은 초원에 각자 텐트를 치고 야영을 하면서 틱낫한스님과 함께 걷고, 법문을 듣는 그들의 모습이 너무나 자유로워 보였습니다.

배낭 하나 메고 여행 삼아 한번 가보는 것도 괜찮다는 생각이 듭니다. 무거운 삶을 내려놓고 운동화를 벗고 맨발로 잔디를 천천히 걸어보며 진정한 자유를 느껴보는 시간을 갖는 것도 좋을 것 같습니다. 🍃

卍 내 마음이 고요하면
온 세상이 고요합니다.

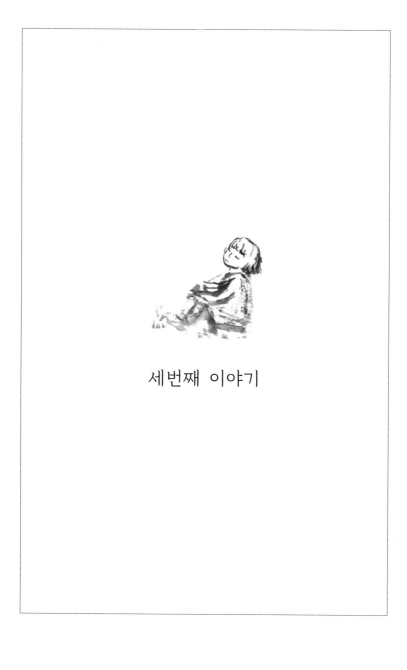

세번째 이야기

🌱 중국 항주에서 성파스님을 만나다

학교를 졸업하고 산수화를 더 배우고 싶어 1990년대에 중국으로 갔습니다. 처음에는 북경으로 갔는데 물감을 많이 사용하는 채색화보다는 화선지에 번지는 먹을 많이 사용하는 수묵화를 배우기 위해 다시 중국 남쪽 항주미술대학으로 옮기게 되었습니다.

어느날 아침 항주미술대학교 산수화반에서 수업을 하고 있을 때 한 스님이 들어오셨습니다. 현재 통도사 방장이신 성파스님이었습니다. 나는 그때까지 부처님오신날 비빔밥을 먹으러 절에 가는 것이 전부였고, 스님이라는 사람을 가까이에서 처음 보는터라 낯선 모습의 스님을 멀뚱멀뚱 쳐다보며 '안녕하세요'라고 말하는게 나의 인사였습니다. 그렇게 성파스님은 내 옆자리에 앉게 되었고, 산수화 수업이 진행되었습니다.

나는 종종 수업이 끝나고 실기실에 남아 그림을 그렸는데 성파스님도 열심히 그림을 그리고 계셨습니다. 당시 통도사가 어디 있는 줄도 잘 몰랐습니다. 통도사라고 하면 고등학생 때 미술선생님과 친구들이랑 스케치를 갔다가 통도사 계곡 언저리에서 수박을 먹고 온 기억이 전부 다였습니다.

성파스님은 20여명 남짓한 유학생들에게 한국음식점에서 맛있는 음식을 자주 사주셨습니다. 당시만해도 항주에 한국사람이 많지 않앉고, 한국음식점을 찾아가는 것도 쉽지 않았습니다. 한국음식에 목말라있던 나에게 성파스님이 사주시는 한국음식은 가뭄에 비처럼 달고 감사하기만 했습니다.

그렇게 성파스님과 함께 산수화를 배우다가 나는 다시 천진미술 대학교로 자리를 옮겼고, 그 후 성파스님을 뵐 수는 없었습니다.

나중에 중국에서 돌아와 간간히 불교뉴스를 통해 성파스님의 기사를 읽었는데 몇년 전 성파스님을 다시 뵐 기회가 있었습니다.

십여년 만에 뵈었는데 성파스님은 내 손을 반갑게 잡아주시고 기억해주셨습니다. 그때 성파스님 작업실에 매주 한번씩 가서 처음으로 옻칠그림을 배우게 되었습니다. 천연 옻물감은 고가이기도 하지만 옻칠그림은 빛이 차단되어 습도가 일정하게 유지되는 특수하게 마련된 곳에서 오랜 시간 건조시켜야 하는데 성파스님 작업실에는 모든 것이 갖추어져 있었습니다. 성파스님 덕분에 옻칠그림을 6점이나 완성할 수 있었습니다. 그림이 다 완성되고 나서 내 그림에 이름을 새겨주시기도 했는데, 그때 완성된 옻칠그림 6점은 소중하게 간직하고 있는 그림이기도 합니다.

언제가 될지 모르지만 오프라인으로 갤러리에서 전시를 하게 되면 꼭 걸고 싶은 작품이기도 합니다. 🌿

㉵ 보는 사람 없어도
산 속에 꽃은
저절로 핀다.

성파스님이 내게 해주신 말

통도사 방장 성파스님의 작업실에서 옻칠그림을 배울 때 입니다. 성파스님은 내게 "은주야, 무조건 많이 그려야 한데이", "니 그림 정말 잘한데이"라는 이 두마디가 지금까지 내게 얼마나 큰 힘이 되는 줄 모릅니다.

사람들은 어떤 영화에서 혹은 책에서 읽은 한 마디에 힘을 얻기도 하는데 성파스님의 이 두마디는 지금까지 내가 지치지 않고 그림을 그리게 하는 원동력이 되어주고 있습니다.

그림으로 명예를 얻든 얻지 못하든, 전시를 하든 전시를 하지 못하든, 그림으로 돈을 벌든 벌지 못하든 간에 그림그리는 사람은 지치지 않고 계속 끊임없이 그려야 합니다. 그러기 위해서는 지치는 순간에도 계속 그림을 그릴 수 있도록 하는 어떤 동력이 필요한데, 성파스님께서 내게 해주신 말은 내가 지칠 때마다 다시 벼루에 먹을 갈고 붓을 들게 해줍니다.

'말'이라는 것은 이토록 큰 힘을 지니고 있습니다. 결혼 후 남편과 한번 찾아뵙고 완성된 옻칠그림을 찾아서 서운암을 내려온 뒤로 다시 찾아뵌 적은 없는데 항주에서 내가 성파스님께 받았던 많은 것들, 그리고 옻칠그림을 그릴 수 있었음에 감사드리는 마음입니다.

  통도사 사보를 볼 때면 성파스님의 법문을 제일 먼저 반가운 마음으로 읽습니다. 언론을 통해 활발하게 예술활동을 이어가는 기사를 접하는데 예술적인 창작능력과 그 열정이 대단하다는 생각을 합니다. 늘 건강하시길 기도합니다. 🍃

보리 김은주 그림에세이

🌷 법정스님의 향기로운 글

법정스님의 책은 곁에 두고 보다가 얼마간 시간이 흐른 후 다시 읽게 됩니다. 나는 SNS에 법정스님의 글을 자주 써서 올리는데, 가난하고 청빈했던 삶도 귀감이 되지만 무엇보다 살면서 내가 길을 잃었을 때 어두운 길을 환하게 비추어 주는 등불과도 같은 글이라서 좋아합니다.

오래전 서울 길상사 일요법문 시간에 법정스님의 법문을 듣기 위해 부산에서 기차를 타고 올라가기도 했습니다.

법정스님은 이미 돌아올 수 없는 먼 길을 가셨지만 스님의 말씀은 계속 우리 곁에 남아 메아리로 울림을 주고 있습니다.

올해도 법정스님이 아끼던 불일암의 매화는 어김없이 피었을 것입니다. 사람으로 태어나 청빈한 승려의 길을 걷고 여러 사람들에게 삶의 방향을 일깨워주는 글을 남겨주신 것에 무한 감사하는 마음입니다. 🌿

🌷 일타스님의 '기도'

오래전, 통도사 수련회 때 만났던 '보리행'이라는 법명의 예쁘장한 서울아가씨가 내게 준 것은 일타스님의 '기도'라는 책이었습니다. 작고 얇은 책이었는데 처음으로 일타스님의 글을 읽게 되었습니다.

그 책에는 '힘든 일이 있으면 스스로 기도하라'는 요지의 내용이었습니다. 한동안 그 책을 형광펜으로 밑줄을 그어가며 읽고 또 읽었습니다. 그 책으로 인해 나는 태어나 처음으로 기도라는 것을 하게 되었습니다.

'쉽게 말해 기도는 비는 것이다', '도와달라고 비는 것이다', '기도할 때는 매달려야 한다', '내 마음대로 남의 도움으로도 어찌할 수 없는 것을 불보살의 불가사의한 힘에 의지하여 이루어질 수 있도록 해달라고 매달리는 것이 기도인 것이다', '기도할 때는 지극한 마음, 간절한 마음 하나면 족하다', '간절하다는 것은 마음을 한결같이 갖는 것'이라는 대목이 특히 내 마음을 끌었습니다.

절에 다니다 보면 이런저런 불교관련 책을 많이 접하게 되는데 일타스님의 '기도'라는 책을 만난 것은 정말 행운이었다고 생각합니다. 🍃

🌱 웃는 날도 그렇지 않은 날도 있다

청년기를 지나 중년으로 접어든 지금도 웃는 날들 속에 가끔 그렇지 않은 날도 있습니다. 새벽예불을 하고 경전을 읽고 사경을 하고 기도라는 것을 하지만 화가 나는 날도 있고 지나간 일들과 미래의 불확실성 속에 우울해지는 날들도 있습니다. 스스로 없는 힘도 억지로 내야 하는 날이 있고, 사회생활을 할 때는 밝게 웃는 가면을 쓰고 나가 사람들과 어울려야 할 때도 있습니다.

나는 나의 감정쯤은 남들에게 감쪽같이 감출 줄 아는 사회생활에 최적화된 어른입니다. 때론 선한 인연이었던 사람이 악연이 될 수도 있고, 악연이라고 생각했던 사람이 선한 인연으로 바뀌기도 합니다. 아무리 노력을 해도 되지 않는 일이 있는가 하면, 노력하지 않았는데도 거짓말처럼 술술 풀리는 일들도 있습니다.

내 안에 변화무쌍한 감정의 변화들이 내 속에서 일어났다 사라지기를 수없이 반복합니다. 이렇게 파도처럼 울렁이는 감정의 소용돌이 속에 살지만, 단 하나 변하지 않고 내가 끝끝내 지켜내야만 하는 것도 있습니다. 그것은 dharma(다르마), 부처님 가르침대로 사는 일입니다. 부처님 가르침대로 사는 일은 나의 진정한 근원적인 뿌리이기 때문입니다. 🌿

일상생활에서의 명훈가피(冥勳加被)

중국생활이 길어질수록 낯선 것들이 익숙해졌지만, 가끔 나는 매너리즘에 빠질 때도 있었습니다. 그러던 중 학교를 이틀 동안 무단결석하고서 자전거를 타고 항주의 차밭이며, 서호를 한 바퀴 돌면서 한국으로 돌아가고 싶은 마음을 달래곤 했습니다. 수업에 빠지고 오후에 교실에 들렀더니 성파스님은 먹을 갈고 계셨습니다. 나는 조용히 눈인사만 하고 자리에 앉았는데 성파스님이 매서운 목소리로 내게 말씀하셨습니다.

"니 그림 안 그릴꺼가?"

"한국에서 부모님이 어떻게 돈을 보내주고 계시는데 니가 결석을 한단 말이고!"

늘 온화한 모습만 보았었는데 그날은 엄한 눈빛이었습니다. 나는 아무 말 없이 고개를 숙이고 있었고 그리고 얼마간에 교실에 침묵이 흘렀습니다.

나는 작은 목소리로 "예, 열심히 그림 그리겠습니다."라고 대답했고, 스님은, "알았으면 그림 그려라."라고 말씀해주시고 오후 내내 아무 말 없이 그림을 그렸습니다.

유학생활은 시간이 흐를수록 너무 외롭고, 쓸쓸할 때가 많았습니다. 한국음식을 마음껏 먹고 싶은 생각도 커졌고 가족과 친구들이 보고 싶었습니다. 처음 어학에 집중할 때는 중국사람들 틈에서 매일 보는 중국드라마가 좋았지만, 하루종일 중국말을 하며 사는 생활이 답답하게 느껴질 때도 있었습니다. 집이 그리웠지만 비싼 국제전화비 때문에 전화는 한달에 한번 정도밖에 못했으니까요. 그렇지만 내가 스스로 선택해서 온 중국인데 그림공부를 중간에 그만두고 돌아갈 수는 없었습니다. 내 선택에 대한 책임을 져야 한다고 생각했습니다.

오로지 그림만 그리는 생활이 지칠 때도 있었는데 그날 성파스님의 일침은 내게 큰 힘이 되었습니다. 성파스님께서 그렇게 말씀하실 때 무섭기도 하고 정신이 번쩍 들기도 했지만, 한편으로는 내가 그림공부를 잘해나갈 수 있도록 옆에서 도와주시는 것 같아 감사했습니다.

그렇게 외롭고 힘든 중국에서 성파스님과 나란히 앉아 함께 그림을 그리고, 좋은 말씀을 듣는 것은 부처님 가피인 것이 분명했습니다. 당시 내가 불교라는 것을 모르던 사람이라 잘 몰랐지만, 내가 모르는 사이에 일상생활 가운데에서 부처님의 명훈가피 속에 생활하고 있었음을 훗날 알게 되었습니다.

凡 까만 밤하늘에도
흰구름 떠 있습니다.

🌷 경허선사 참선곡

'오호라, 나의 몸이 풀 끝에 이슬이요, 바람속의 등불이라, 삼계 대사 부처님이 정령히 이르사되, 마음깨쳐 성불하여 …', '분명한 나의 마음 어떻게 생겼는고 …'

1846년에 태어나 9세에 출가했던 경허선사의 참선곡 일부분입니다. 경허선사 참선곡이라는 것이 있다는 것을 김해 은하사에서 일하면서 알게 되었는데, A4용지 1장 분량의 이 글은, 얼음물을 한 바가지 뒤집어 쓴 것처럼 정신이 번쩍 들게 하는 글로 가득했습니다.

나중에 경허선사의 발자취가 궁금해서 자료를 좀 찾아보니 흥미 진진한 수행이야기들이 많았습니다. 경허선사는 전국 사찰 여러 곳에서 수행을 했는데, 기회가 되면 경허선사가 수행했던 절에 가서 참배하고 스케치도 하고 싶은 마음입니다.

올해 여름 나의 부채에는 '경허선사의 참선곡'을 써놓았습니다. 🍃

🌷 성엄법사 108자재어

　작년부터 붓으로 좋은 글귀를 써서 인스타그램 등 SNS에 올리는 작업을 하고 있는데, 법정스님의 글과 함께 성엄법사의 글도 자주 인용해서 쓰고 있습니다.

　'성엄법사 108자재어'는 손바닥만한 작은 책인데, 아는 동생이 백여권을 보내주어 대부분은 은하사 신도분들에게 나눠드리고, 나도 한권 갖게 되었습니다.

　성엄법사는 1930년에 태어나 14세에 출가하였는데 생활고로 인한 온갖 삶의 풍파와 시련을 겪으며 수행하였고 대만에서 가장 영향력 있는 인사에 포함되는 인물이기도 합니다. 첫 페이지부터 마지막 페이지까지 삶을 꿰뚫는 혜안의 글들로 가득한데 누군가가 삶의 고초를 겪으며 인고의 세월로 얻어낸 보석 같은 지침들은 훗날을 살아나가는 우리들에게 든든한 길잡이가 되어주고 있습니다.

卍 흔한 것도 소중히 여기면
귀한 것이 됩니다.

성엄법사의 글 중에서 '사리사욕은 자신을 보호하는 것처럼 보이
지만, 사실은 그렇지 않다. 남에게 손해를 끼치는 자는, 결국 자신
을 해하게 될 것이다', '자유자재한 인생은 좌절이 없는 것이 아니
라, 좌절한 상황 아래서도 여전히 몸과 마음을 평온하고 침착하게
유지하는 것이다', '불편하고 불쾌한 일이 있을 때, 마음을 조절하
여라. 마음을 조절하는 것은 자신의 마음을 가다듬는 것이지 다른
사람의 마음을 바꾸는 것이 아니다'라는 글은 특히 오랫동안 기억
하고 싶은 글입니다. 🌿

네번째 이야기

🌱 부처님 오신날에는 맛있는 비빔밥

부처님 오신날.

절에 가서 소원을 담아 연등을 달고, 갖가지 나물에 걸죽한 고추장을 얹어 하얀 밥에 쓱쓱 비며 먹는 비빔밥은 정말 꿀맛입니다.

부처님이 우리에게 무엇을 가르쳐 주려 했는지 정확히 잘 알지 못한다 해도 가족과 함께 오랜만에 절을 찾아가 연등도 달고, 오색찬란한 연등의 아름다움을 사진에 담고 비빔밥을 먹는 것만으로도 힐링과 삶의 재충전이 되었다면 그것으로도 족하다고 생각합니다.

가족이 오랜만에 산길을 오르며 가족건강, 가족의 행복을 비는 마음을 품었다는 것 하나만으로도 충분하다고 생각합니다. 🍃

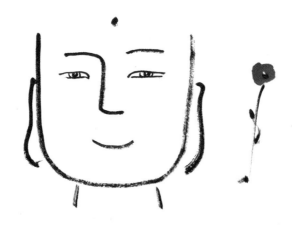

봄에는 꽃이 피고
가을에는 낙엽이 피어납니다.

✿ 백일기도

수능을 100일 앞두면 절은 바쁘기 시작합니다. 백일기도를 하는 사람들이 한꺼번에 몰리기 때문입니다. 앞에서도 잠시 언급했지만 백일기도를 시작하는 날 부처님전에 떡을 올리고 백일기도가 끝나는 날 다시 떡을 올리고 기도를 마칩니다. 떡 외에도 과일을 올리기도 하지만 손쉽게 떡을 많이 올립니다.

사람이 살다가 힘든 일이 있으면 기도라는 것을 하게 되는데 기도가 그 현실을 벗어나고픈 현실 도피로 시작되었든, 어디에 기대고 싶은 마음으로 시작되었든, 단순히 스트레스를 줄이기 위한 하나의 방법으로 시작했다 해도, 두손을 모으고 무엇인가를 간절히 비는 마음은 모두 귀한 꽃과 같은 여리고 순수한 마음일 것입니다.

기도는 나와 함께 나를 둘러싼 가장 소중한 가족을 걱정하고, 내 부모가, 내 남편이, 내 자식이 잘 되길 바라는 마음에서 시작됩니다. 수많은 단어가 있지만 나는 '기도'라는 단어만큼 인간의 착한마음을 잘 표현한 단어는 없다고 생각합니다. 🌿

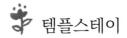 템플스테이

절에서 잠을 자고 스님과 차도 마시고 자연 속에서 자신을 돌아보는 한적한 시간을 갖는 템플스테이가 절 곳곳에서 열리고 있습니다. 예전에는 여름수련회라고 하여 여름에만 한시적으로 열렸지만 요즘은 1년 내내 템플스테이가 하나의 프로그램으로 활성화되었습니다.

나는 아주 예전에 통도사 여름수련회에 참여하고 보리심이라는 불명을 받았습니다.

한여름 8월에 3박 4일 일정이었는데, 그때 처음으로 두손을 모아 합장하는 법과 108배를 해보았습니다. 그 수련회는 내 인생에서 많은 것을 바꾸어 놓았습니다.

우리는 인생에서 몇가지 선택과 몇가지 경험으로 인해 완전히 다른 인생이 되기도 합니다. 결코 쉽게 변하지 않는 것이 인생이지만 어떤 계기를 통해 큰 변화를 겪는 것 또한 인생인 것 같습니다. 🍃

🌸 108염주

108배를 할 때 숫자를 어떻게 세는지 궁금해 하는 사람들이 있습니다. 108배를 할 때 흔히 108염주를 손에 들고 한알씩 넘기면서 절을 합니다.

염주의 재료는 매우 다양합니다. 절에 가면 불교용품점이 있는데 특이한 재료로 만든 염주가 있으면 꼭 샀습니다. 예전에 내가 은하사에서 일할 때 작은 열매로 만든 단주를 하나 얻었는데, 그 단주는 요즘 제일 아끼며 자주 손목에 끼고 다니고 있습니다. 담백한 색깔의 화려하지 않은 염주가 나는 좋습니다. 🌿

🌱 절 근처 맛있는 막걸리

절 근처에는 맛있는 음식점도 많지만 그 지역에서만 맛볼 수 있는 막걸리를 파는 곳이 많습니다. 법주사, 송광사 등 먼 거리에 있는 절에 갔다가 돌아올 때는 그 지역 막걸리를 꼭 사 왔습니다. 남편과 한참 연애하던 시절에는 사찰 입구에서 팔고 있는 막걸리를 많이 맛보기도 했습니다. 나는 가끔 절에 다니며 공부도 하지만, 치맥을 즐기고 비오는 날에는 파전에 막걸리를 즐깁니다. 🌿

卍 더 잘해야 한다고
더 열심히 하라고
나 스스로를 다그치지
않습니다.

절에서 약수 떠오기

물이 끊임없이 흘러내리는 절. 도심에서 멀리 떨어진 절일수록 맛 좋은 물이 흐르고 있습니다. 손잡이가 달린 플라스틱 작은 바가지로 신선한 약수를 마실 수도 있고 그냥 손으로 떠서 마실 수도 있는 곳이 바로 절입니다.

나는 절에 갈 때면 빈 생수병을 하나 정도 미리 준비해 갔다가 절에서 흘러넘치는 물을 떠오기도 했습니다. 물맛도 좋지만 무엇보다 더 좋은 것은 약하게 흘러넘치는 경쾌한 물소리가 좋습니다. 절 안에는 여러 가지 눈으로 보고 감상하고 맛보고 즐길 것들이 많이 있는 셈입니다.

시원한 물을 몇 모금 마시고 절 마당을 여유롭게 걸어보며 청량한 공기를 깊이 들어마시면 내 모든 것이 새로워지는 기분이 들기도 했습니다. 🌿

卍 흔한 풀꽃도
아름다움을 지녔습니다.

 매화가 피어나는 절

절에는 외모가 훌륭한 잘생긴 나무들이 많습니다. 봄이 시작되면 매화를 시작으로 목련, 산수유 등 아름다운 꽃이 피어나기 시작하는데 특히 통도사 마당의 홍매화는 그 꽃잎의 색깔도 아름답지만 굴곡져 거칠게 비틀어진 매화나무 가지에서 풍성한 기운생동을 느낄 수 있습니다.

봄에 절에 가면 꽃향기 속에 여유로운 시간을 보낼 수 있어 좋습니다.

戊虎年夏于杭金歐珠臨

🌷 비 내리는 김해 은하사

나는 은하사에서 일할 때 비가 오는 날이면 종무소에서 같이 근무하는 성지행 보살과 각자 경전을 읽는 시간을 보내며 비 오는 절의 한적한 고요함을 즐겼습니다.

비가 오는 은하사는 낮게 드리운 비구름과 빗소리, 나뭇가지에 매달린 빗방울열매 등 풍경이 한데 어우러져 은은한 한폭의 산수화가 됩니다.

절에서 빗물이 하염없이 떨어지는 소리를 듣는 것도 운치 있고 멋있습니다. 마치 한폭의 그림 속에 들어와 있는 것 같은 느낌이 들기도 했습니다. 🌿

🌱 오래된 바위틈의 꽃

　절에는 자연스러운 바위와 돌계단이 곳곳에 있습니다. 돌계단과 돌틈 사이에 피어있는 작은 꽃들은 계단을 걸어 올라가는 하얀 고무신과 잘 어울립니다.

　잡초꽃도 귀한 꽃 못지않게 아름다움을 갖고 있습니다. 이름 없는 잡초도 각자의 자리에서 그 계절에 맞게 최선을 다해 꽃을 피우고 있습니다. 🌿

권 조금 부족한 면이 있더라도
자기 자신을 사랑하는 게 중요합니다.

대나무 숲길

법정스님의 불일암 입구 대나무 숲은 법정스님의 글만큼이나 수려했습니다. 아름답고 깊고 고요한 초록의 대나무 숲길이었습니다.

그 대나무 숲길을 지날 때 처음 듣는 낯선 새소리와 발에 밟히는 작은 돌의 느낌이 좋았습니다. 그 대나무는 키가 어찌나 큰지 한참을 올려다봐야 푸른 하늘이 조금 보입니다. 대나무 숲에서 느낄 수 있는 풀내음도 향긋했습니다.

다섯번째 이야기

🌷 내 마음을 내 마음대로

살다 보면 내 마음이 내 마음대로 되지 않을 때가 있습니다. 어떤 상황에 부딪칠 때 말입니다. 그렇지만 온전히 내가 나로 살기 위해서는 내가 내 마음을 다스릴 줄 알아야 합니다.

마음에도 길이 있습니다. 여러 감정과 복잡한 생각들이 마음을 이리저리 끌고 다니도록 내버려 두면 마음은 길을 잃고 헤매게 됩니다. 어른으로 살아간다는 건 아마도 내 마음을 내 마음대로 할 수 있는 마음의 힘을 키워나가는 것인지도 모릅니다.

자기가 행복한 사람은
남을 행복하게 해준다

흔히들 사회생활에서 일이 힘든 게 아니고 사람이 힘들다고들 말합니다. 그런데 대개 사람을 힘들게 하는 사람들은 정작 자신이 남을 힘들게 하는 줄 모르는 경우가 많습니다. 직장에서 동료를 유독 힘들게 하는 사람이 있는가 하면, 반대로 동료를 배려하고 편안하게 해주는 사람도 있습니다. 가정이든 직장이든 어디서든 인간관계 속에서 자기중심적이며 이기적인 면이 많은 사람들은 사람을 힘들게 합니다.

나는 김해 은하사에서 종무원으로 2년여 정도 일했는데, 함께 했던 성지행보살이라는 분 때문에 정말 행복하게 일을 했습니다. 사무장님을 제외하고는 성지행보살과 나, 단둘이었는데 함께 일하는 것이 너무 좋아서 출근하는 길이 즐겁기까지 했었습니다.

종무소 일이 생소했던 나에게 모르는 것은 잘 가르쳐 주었고, 시종일관 따뜻한 배려 속에 일을 하게 해주었습니다. 사회에서 종종 만날 수 있는 차갑고 냉소적인 부분이라고는 전혀 찾아볼 수 없었습니다.

나는 평소 인복이 없다고 믿어왔는데, 성지행보살을 만나고부터는, '인복이 많아서 이렇게 좋은 사람과 함께 일을 하는구나'라는 생각까지 하게 되었습니다.

옆에 어떤 사람이 가까이 있느냐에 따라 생각이 달라지기도 하고, 삶에 대한 태도가 달라지기도 한다는 것을 그때 비로소 알게 되었습니다. 성지행보살을 보면서 느낀 것은 '자기가 행복한 사람은 다른 사람을 행복하게 해준다'는 사실이었습니다.

온화함, 배려, 웃음, 긍정적인 마음, 따스함, 언제든 도움의 손길을 내밀어 주는 사람을 만나 함께 일을 했다는 것은 내 인생에서 진정한 축복이었습니다. 할 수만 있다면 계속 일하고 싶었지만, 주 5일 근무로는 그림그릴 시간이 너무 부족해서 오랜 고민 끝에 일을 그만두어야겠다고 결정했습니다. 마지막업무를 하고 집으로 돌아왔을때 성지행보살을 자주 만날 수 없다는 생각에 섭섭해서 울기까지 했습니다. 은하사에서 일할 수 있었던 것은 아름다운 꽃과 같은 날들이었습니다. 🌿

卍 자기 마음이 평화로우면
타인과도 평화롭게 지냅니다.

🌱 사소한 것의 소중함

작은 말 한마디, 작은 행동 하나 등 사소한 것에 우리는 감동받고 위로를 받습니다. 반대로 말 한마디 작은 행동 등 사소한 것에 마음이 다치기도 합니다. 어쩌면 우리 인생에서 정말 중요한 것은 이 '사소한 것' 일지도 모릅니다. 🍃

인연

인연이 있다면
굳이 노력하지 않아도
연이 닿아
만나게 되어 있다.

인연이 거기까지 라면
아무리 노력해도
끊어지게 된다.

만나고
헤어지는 것은
자연스러운
자연의 순환과정이다.

🌷 결혼에 대한 진지한 대화를 나누다

한날은 성파스님께서 옻칠그림이 다 마르고 난 뒤 마무리 작업을 해주시면서 말씀하셨습니다. "은주야 결혼을 해야 한다. 다른 것 보지 말고, 그냥 남자가 성품이 괜찮으면 사람 하나 보고 결혼을 하거라."

나는 평소에 결혼에 대한 생각이 전혀 없었고 누군가와 인생을 함께할 생각조차 한적이 없었습니다. 결혼이라는 것은 남의 이야기일 뿐이었습니다.

평소 성파스님과는 그림에 대한 이야기만 주고받았는데, 결혼이라는 주제로 이야기를 나눈 것은 그때가 처음이었습니다. 그 말씀을 듣고 서운암을 내려오면서 태어나 처음으로 결혼이라는 것에 대해 진지하게 생각을 해보긴 했지만, 누군가를 사귀고 있는 것도 아니었기에 '정말 결혼이라는 것을 해야 하는 걸까? 결혼을 해야 한다면 누구와 해야 하는 걸까? 혼자 사는 삶도 괜찮지 않을까?'라는 생각을 하며 버스를 탔습니다. 🍃

🌸 갑자기 사랑이 왔다

오래전, 여러 사람들과 어울려 통도사에 다닐 때 한 출판사를 알게 되어 차를 몇번 마신적이 있었습니다.

그 후 10여년이라는 시간이 훌쩍 흘렀고 우연히 그 출판사에 다시 가게 되어 그곳에서 디자이너들이 원하는 그림을 그려주는 일을 하게 되었습니다. 그런데 그곳에는 도사라는 별명으로 불리는 한 남자가 있었습니다. 전에도 그 출판사에서 얼핏 인사만 몇번 나누었는데 다시 얼굴을 보니 기억이 날듯말듯 했습니다. 그때부터 그 남자 맞은 편에 앉아 일을 하게 되었습니다.

나는 운동화에 허름한 점퍼, 집에 굴러다니는 낡은 배낭을 메고 다니며, 그림그리는 친구들과 어울려 동네 치킨집에서 가끔씩 치맥을 먹는 일을 유일한 즐거움으로 여기며 살고 있었습니다. 그런데, 출판사에서 근무하는 날짜가 늘어가면서 유일한 청일점 도사라는 남자가 점점 궁금해지기 시작하더니 마침내 그 남자의 모든 것이 궁금해졌습니다.

아침에 출근해서 "안녕하세요." 저녁에 퇴근할 때 "먼저 퇴근하겠습니다."라는 대화를 나눈 게 전부인데, 나의 자리 맞은편에 일하는 그 남자에게 계속해서 알 수 없는 신경이 쓰이기 시작했습니다. 나이 마흔이 넘도록 연애다운 연애도 제대로 해 본적이 없던 내가, 점점 짝사랑이라는 달콤함 속에 빠져들고 있었습니다. 상대방 모르게 하는 짝사랑은 달콤하면서도 마음이 쓰리고 아렸습니다. 남들이 20대에 겪었을 감정을 나는 20년이나 늦게 경험하게 된 셈입니다.

짝사랑이라는 마음의 불씨를 내가 일으켰으니, 스스로 꺼트릴 수 있을 것이라 생각했습니다. 그러나 짝사랑은 단순하게 시작되지만 결코 단순하게 없앨 수 있는 감정이 아니었습니다. 그런데 어느날 그 남자와 저녁을 함께 먹을 기회가 생겼습니다. 그것도 단 둘이서 말입니다. 연애를 해본적이 없으니, 남자와 있을 때 무슨 대화를 해야하며, 어떻게 호감을 줄 수 있는지, 도무지 알길이 없었습니다. 함께 저녁을 먹는 내내 무슨 얘기를 해야할지 몰라, 불교에 대해서만 이야기를 주고받았습니다.

그렇게 두서없이 불교이야기를 한참 이어가던 중 우리는 컴퓨터 앞에서 음악을 함께 감상했는데 그 노래가 흘러나오는 동안 서로 아무 말 없이 컴퓨터 화면만 쳐다보았습니다.

얼마쯤 그렇게 시간이 흘렀을까. 그런데 그 음악이 다 끝날 때쯤, 그 남자는 나를 쳐다보지도 않고 얼굴을 컴퓨터 화면에 고정시킨 채 대뜸 내게 믿을 수 없는 말을 하기 시작했습니다. 영화나 드라마에서 보던 고백과 함께 프로포즈였습니다. 불과 몇분 전까지 나는 평범하기 그지없던 여자였는데 순식간에 영화의 주인공이 된 것 같았습니다. 믿기지 않았습니다. 그저 그런 날들을 보내던 무기

력하던 나의 삶에 프로포즈라니. 그것도 혼자 남몰래 짝사랑하던 그 남자로부터. 나에게도 이런일이!

그 말을 듣는 순간 귀에서는 정신못차릴 종소리가 두서없이 울려대고 내 머리위로는 난데없이 수많은 폭죽이 터지는 것만 같았습니다. 동시에 내 몸은 그 자리에 멍하게 얼어 붙어버렸습니다. 극적인 프로포즈는 영화나 드라마에서 있는 이야기인줄 알았는데 내게 현실로 일어났습니다. 그날부터 그와 나는 우리라는 이름으로 서로를 알아가는 연애를 시작했습니다.

그야말로 세상을 다 가진 기분, 세상에 부러울 게 아무것도 없었습니다. 나 아닌 누군가에게 이토록 모든 열정을 쏟을 수 있다니 나 자신조차도 믿을 수 없는 이야기가 내게 일어나고 있었습니다.

사랑이라는 것은 나의 모든 것을 바꾸어놓고 새롭게 태어나게 했습니다. 연애를 하면서 태어나 처음으로 이 세상이 두렵지 않았습니다. 우리를 막을 수 있는 것은 이 세상에 아무 것도 없었습니다. 마치 예전에 온전한 하나였는데 둘로 나누어져 살다가 다시 온전한 하나가 된 것 같은 느낌이었습니다.

마침내 나에게도 사랑하는 남자가 생긴 것입니다. nothing이었던 사람이 something이 되더니 이윽고 내 마음속에서 everything이 되었습니다. 그렇게 어느날 갑자기 내게도 사랑이 왔습니다. 🌿

🌱 새벽예불을 함께할 수 있는 사람과 결혼하다

결혼 전 나의 시계 알람은 늘 새벽 3시에 울렸습니다. 3시에 일어나 방석에 앉아 예불을 하고 천수경, 반야심경을 읽고 108배하는 시간을 보냈습니다. 그런데 나와 사귀기 시작한 도사라는 남자의 시계도 새벽 3시에 알람이 울린다는 사실을 알게 되었습니다. 그는 나보다 훨씬 예전부터 그런 생활을 해오고 있었습니다. 비로소 나는 새벽 3시에 일어나 예불과 기도를 함께 할 수 있는 남자를 만난 것입니다.

그리고 그는 내가 그리는 그림과 서예 등의 자료를 함께 보면서 지루하지 않게 이야기를 나눌 수 있는 세련된 예술적 감각을 지닌 사람이기도 했습니다. 계속 그림을 그릴 수 있게 지지해주고, 스케치여행을 함께 다닐 수 있는 든든한 남편이 생겼다는 것이 너무 좋았습니다. 남편을 만나기 전 혼자가 익숙했던 내가 이제는 혼자라는 말은 낯선 말이 되어버렸습니다. '혼자'라는 자리에 '우리, 함께, 같이'라는 말들이 내 인생에 자리를 잡게 된 것입니다. 🌿

보리 김은주 그림에세이

결혼은 간단하게

우리 부부는 결혼식을 하지 않고 양가 어른들끼리 식사를 하고 우리끼리 혼인신고를 하는 것으로 결혼식을 대신했습니다. 누군가 결혼기념일을 묻길래 나의 결혼기념일은 우리부부가 월세를 얻고 살림을 함께 시작한 날이 결혼기념일이라고 말했더니 짐짓 놀라는 표정을 하는 사람들도 있었습니다만, 우리는 그렇게 우리만의 방식으로 부부가 되었습니다.

결혼과 동시에 직장을 그만두고 우리는 중고지프차를 한대 장만하고 6개월 동안 전국의 사찰로 여행을 다녔습니다. 한겨울 지리산 노고단 주차장에서 별똥별을 감상하고, 차를 달리다가 아름다운 풍경이 나오면 내려서 스케치를 하고, 배가 고프면 라면을 끓여 먹으며 누가 봐도 며칠씩 못 씻은 거지꼴을 하고서 그렇게 여행을 다녔습니다.

한겨울 지리산 밤하늘에 비처럼 쏟아지는 별똥별은 정말로 아름다웠습니다. 무모하면서도 낭만이 가득한 우리의 신혼여행은 그렇게 6개월 동안 이어졌습니다. 🍃

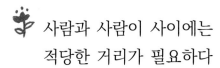 사람과 사람이 사이에는
적당한 거리가 필요하다

절에 가면 대웅전, 돌탑, 나무가 적당한 거리를 유지하고 있습니다. 너무 멀지도 가깝지도 않은 적당한 위치에 서로 조화롭게 있습니다.

사람도 마찬가지입니다. 사람과 사람 사이가 너무 가까우면 좋은 점도 있지만 부작용도 있습니다. 사이가 너무 가까우면 친분과 정이라는 것을 앞세워 무엇인가를 부탁하고 요구하는 일이 잦아집니다.

잦은 부탁은 상대방을 힘들고 지치게 만듭니다. 한쪽을 지치게 만드는 관계는 오래갈 수 없습니다. 이것은 사회생활, 친구관계뿐 아니라 가족관계에서도 마찬가지입니다.

그래서 사람과 사람 사이에는 적당한 거리가 필요합니다. 그래야 그 관계가 오래갑니다. 🌿

🌼 잠시 멈춤

가을에는 하늘이 파랗고 흰 구름이 멋진 날들이 많습니다.

잠시 멈추고 하늘을 봅니다.

분주하게 하던 일과 생각들을 쉬고 잠시 멈춥니다.

주전자에 물을 끓여 차 한잔을 마십니다.

오늘은 나를 위해서 잠시 멈추며,

생활 속의 여백을 스스로 만들어 봅니다. 🍃

卍 힘들고 지칠 때
내가 나에게
작은 선물을 합니다.

🌱 나만 되는 일이 없을 때

마음이 울적할 때, 나만 되는 일이 없는 것처럼 느껴질 때에는 일부러 시간을 내서라도 절에 가곤 했습니다.

법당에 들어가 땀을 흘리며 108를 하고 나면, 절을 하는 동안 몸을 움직여서 운동이 된 덕분인지 기분 탓인지 마음이 한결 가벼워지고 이런저런 일들로 무거웠던 마음이 가벼워졌습니다.

가까운 곳에 힘들 때마다 찾아갈 수 있는 아름다운 절이 있다는 것은 참 마음 든든한 일입니다. 🍃

🌸 금강경 1만독 기도를 마치고

절에 다니면서 나는 기도라는 것을 알게 되었습니다. 보통 7일 기도, 21일 기도, 49일 기도, 100일 기도 1000일 기도 3000일 기도 등 날짜를 정해두고 기도를 하는 경우가 많습니다. 또 금강경, 천수경 다라니를 1만독이나 10만독 읽는 등 기도의 종류와 방법도 매우 다양합니다.

나는 꼬박 4년 6개월 동안 하루도 빠지지 않고 금강경 1만독을 읽는 기도로 나의 30대의 절반을 보냈습니다. 처음 금강경을 한번 읽는데 45분이 걸렸는데, 1만독에 가까워질 때는 1독 하는데 7분 정도로 단축되기도 했습니다. 물론 금강경이라는 경전 속의 내용을 알고 읽은 것도 아니었고 단순히 앵무새처럼 기계적으로 읽은 것에 불과했습니다.

어디서 듣기를 '금강경 1만독을 하면 소원 하나는 이룰 수 있다' 길래 무작정 읽었을 뿐입니다. 그런 의미로 본다면, 단지 읽는 행위였을 뿐 기도 다운 기도는 아니었습니다.

아마도 나의 금강경 1만독 기도는 당시 힘든 상황을 벗어나고자 하는 현실도피였는지도 모릅니다.

그렇지만 그때 나는 기댈 그 무엇이 필요했습니다. 사람은 마음을 열고 기댈 곳이 한군데만 있어도 삶의 끈을 놓지 않고 살아갈 수 있다는 것을 그때 알았습니다.

 익숙한 침묵이 좋다

별다른 대화를 하지 않아도, 침묵의 시간이 길어져도 어색하지
않은 사람, 침묵을 불편하게 생각하지 않는 사람, 침묵을 익숙하게
즐길 줄 아는 사람과 함께 있는 것이 나는 좋습니다. 침묵 속에서
도 함께 편안하게 있을 수 있는 인간관계가 좋습니다. 절이라는 곳
은 자연의 소리와 침묵이 가득한 곳이라 더욱 좋습니다.

🌸 다양한 사람들을 만나면서

살면서 다양한 사람들을 만납니다. 자주 만나는 사람이 있고, 띄엄띄엄 만나는 사람이 있고, 스치듯 흘려보내는 사람이 있습니다.

직장에서 일을 잘 하는 사람에게는 휴식이 주어지는게 아니라 더 많은 일이 주어지고, 부드럽고 온순해 보이는 사람에게는 처음에는 편하게 대하다가 나중에는 자신의 이익을 위해 이것저것 원하는게 늘어납니다. 부드럽고 순해 보인다고 해서 그 사람을 함부로 대하거나, 자신의 이익을 위해 그 사람을 수단으로 이용해도 좋다는 뜻은 아닌데 말입니다.

겉으로 부드럽고 유순하게 보여도, 누구나 숨겨진 발톱은 있는 법입니다. 마음속에 발톱이 있는 것은 살아가기 위한 사람의 본능일 수도 있습니다.

누구나 발톱을 가지고 있지만 적당하고 편안한 관계 유지를 위해 애써 서로의 발톱은 내밀지 않고 있는 지도 모릅니다. 마음속의 발톱은 밖으로 자주 내밀면 상대방에게 상처를 입히게 될 테니까요. 🌿

🌱 한결같은 마음

　하늘에 구름이 순식간에 여러 모양으로 바뀌는 것처럼 마음은 늘 변합니다. 누군가 내게 좋은 말을 하면 기분이 좋았다가, 이내 작은 평가에도 의기소침해집니다. 한결같은 마음이란 오랜 세월 변함없이 한자리에 묵묵히 서 있는 돌탑처럼, 잘 정돈된 한가지 빛깔의 마음이라 생각합니다. 🌿

🌸 모든 것을 이해할 필요는 없다

때때로 저 사람을, 어떤 일을 굳이 이해하려 노력할 필요가 없습니다. 어차피 우리는 각자 모두 다릅니다.

사람은 저마다 생각, 사는 방식, 인생에서 추구하는 것, 옳고 그름의 기준이 모두 다르니까 말입니다. 똑같은 음식을 먹고 나서도 어떤 사람은 맛있다고 하고 어떤 사람은 맛없다고 합니다.

나이를 먹을수록, 이래저래 이해되지 않는 일은 그냥 그러려니 하고 넘기는 순간들이 많아집니다. 일부러라도 둔감하게 넘어가는 부분도 필요합니다. 나의 정신건강을 위해서도 모든 것을 이해할 필요는 없습니다. 🍃

'보리'라는 이름의 강아지

일주일에 한번 재활용쓰레기 분리수거하는 날에는 같은 층에 사
는 강아지를 만나곤 합니다. 평소에는 잘 볼 수 없는데, 가끔 엘리
베이터에서 만나는 날에는 너무 반갑게 느껴집니다. 그 강아지 이
름은 '보리'입니다. 나와 같은 이름을 가진 강아지는 갈색털을 가진
작고 귀여운 모습입니다.

혼자만의 시간은
나를 돌아볼 수 있게 합니다.

🌷 살아간다는 것

사는 일은 바다의 파도와 비슷합니다. 파도가 한번 밀려오고 잠시 잔잔해졌다가 다시 파도가 밀려오기를 반복하듯 좋은 일과 나쁜 일이 끊임없이 반복됩니다. 좋은 일과 나쁜 일 속에서 내가 휘청거리지 않으려면 내 마음이 단단해질 필요가 있습니다. 물렁해진 내 마음을 단단하게 하기 위해 나는 가끔 절에 가서 마음을 다잡습니다. 내가 흔들리지 않기 위해서 말입니다. 🌿

🌱 벼루 풍년이 들다

나의 7000원짜리 싸구려 벼루는 30년을 사용하다 보니 먹을 가는 부분이 움푹하게 홈이 파이고 낡아 더 이상 사용할 수 없게 되었습니다. 그런데 어느 날, 남편이 뜬금없이 우리가 가 본 적도 없는 재래시장에 가자길래 무작정 따라나섰는데 그 재래시장 골동품점에는 잘생긴 벼루가 거짓말처럼 놓여 있었습니다. 그래서 그 뚜껑이 있는 벼루를 거의 공짜다 싶은 가격으로 장만하게 되었습니다. 그리고 얼마 뒤 아는 선생님으로부터 뚜껑이 있는 벼루를 두 개씩이나 더 받게 되었습니다.

벼루 하나는 먹을 직접 갈아 쓰는 용도로 사용하고, 또 다른 벼루는 먹물을 부어 쓰는 용도로 사용하고, 나머지 작고 매화무늬가 조각된 벼루는 작은 붓으로 작은 글씨를 쓰는 용도로 사용하고 있습니다.

올해 나는 벼루 풍년을 맞았습니다. 그동안 수고해 준 벼루는 치워두려니 정이 많이 들어 섭섭해서, 오며 가며 볼 수 있도록 잘 보이는 곳에 놓아두고 새로운 벼루들은 아직 낯설어서 정을 붙이고 있는 중입니다. 벼루 풍년이 든 것을 보니 그림을 많이 그려야겠다는 생각이 듭니다.

卍 물도 흐르고
바람도 흐르고
인생도 흘러갑니다.

마음이 고요하려면

그릇 속에 흙탕물을 가만히 내버려 두면 흙은 아래로 가라앉습니다. 마음도 마찬가지입니다. 마음이 번잡하고 복잡할 때는 스스로 고요한 시간을 가져서 복잡한 마음이 밑바닥에 가라앉기를 기다려야 합니다. 시간이 걸리더라도 말입니다.

사람의 마음은 길들여지게 마련입니다. 🍃

🌷 솔직한 거절이 필요하다

건강한 인간관계는 서로 친분이 있다 하더라도 쉽게 거절할 수 있어야 합니다. 친분 때문에 마음속으로는 싫은데 거절을 못하는 관계는 건강한 인간관계가 아닙니다.

거절을 받아도 마음속에 앙금이 없어야 하고, 거절을 해도 미안함이 없어야 좋은 인간관계입니다. 거절하지 못하고 마음속으로 고민하다가 부탁을 마지못해 들어준다면 마음은 답답하고 무거워집니다. 거절로 인간관계가 깨어질까봐 두려운 마음이 든다면, 그런 관계라면 얼마든지 깨어져도 좋으니 두려워하지 말고 거절할 줄 알아야 합니다.

내키지 않는 식사 자리, 소모임, 만남, 전화, 종교모임 등을 참으며 동참할 때는 생각보다 많은 에너지가 소비됩니다.

산뜻하고 가벼운 인생을 위해 언제나 솔직하게 거절을 할 수 있어야 합니다. 거절해서 자기가 까칠한 사람으로 보일까 걱정할 필요도 없습니다. 어떤 순간에서든지 내가 원하지 않는 일이라면 당당하게 거절을 할 줄 알아야 하고, 그래야만 내가 내 인생을 후회 없이 나답게 살 수 있게 됩니다.

거절은 단지 나의 선택일 뿐, 미안한 감정을 필수로 동반해야 하는 것도 아닙니다. 🌿

🌸 인스타그램과 유튜브에 그림을 올리면서

어느날 남편 친구분(뚱님)이 감사하게도 촬영장비를 보내왔습니다. 그 택배를 받기 전까지 그림동영상 촬영에 대해 한 번도 생각해 본 적이 없었는데 촬영장비를 받고 보니 동영상을 만들어야겠다는 생각을 하게 되었습니다.

조명, 핸드폰거치대, 마이크 등으로 구성되었는데 하루에 15개 정도를 한번에 촬영할 때도 있고, 시간이 없으면 3~4개씩 만들 때도 있습니다. 촬영하는 그림은 시간이 오래 걸리고 섬세한 것보다는 금방 그려지는 그림으로 구성하는 편인데 재미있게 만들고 있습니다.

무엇이든지 본인이 좋아하는 일을 한다는 것은 행복한 일입니다. 주중에 마음껏 그림을 그릴 수 있는 시간이 주어진 것에 감사하게 생각합니다. 🌿

卍 분수에 넘치는 욕심을
  스스로 내려놓는 연습을 합니다.

🌱 내 삶을 귀하게 여기며

늘 그렇듯이 아침에 일어나 일상을 시작하고, 건강하게 하루를
살아가고, 내 마음이 편안하도록 스스로의 마음을 돌보며 하루를
사는 것. 평범한 나의 하루는 내 삶에서 귀한 시간입니다. 내 삶을
귀하게 여기며 오늘도 평범한 일상을 감사히 맞이합니다. 🍃

그렇게 살아간다

　세상은 푸른하늘에 흰구름, 경쾌한 바람에 가볍게 흔들리는 나무처럼 아름다운 풍경만 있는 것이 아닙니다. 때로는 험하고 비바람 부는 궂은 날씨도 있습니다. 태풍이라도 오는 날에는 창문이 금방이라도 깨질 듯이 바람이 불어 대고, 거친 비바람 소리에 밤잠을 설치기도 합니다. 우산을 썼지만 옷이 비에 다 젖는 날도 있습니다. 그렇지만 다음날 아침이면 언제 비바람이 불었었나 싶을 정도로 화창하고 아름다운 아침이 다시 우리 곁에 찾아오기도 합니다.

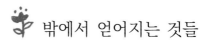 밖에서 얻어지는 것들

　좋다는 인문학 강의, 감동적인 영화, 쇼핑, 여행, 책, 법문 등 모두 밖에서부터 내가 얻을 수 있는 것들은 진정으로 나를 정화시키고 나를 고요하게 할 수 없습니다. 스스로 내 안에서부터의 성찰이 없다면 외부적인 것들은 내가 내 마음을 다스리는데 아무런 소용이 없습니다.

　외부에서 얻는 것들은 자신의 스트레스를 조금 낮추어 주고, 일시적으로 기분전환을 시킬 수는 있지만, 근본적으로 스스로의 마음을 다스리고 고요하게 할 수는 없습니다. 정말 중요한 것은 내 안에 있기 때문입니다.

🌸 가끔 안부를 묻는 사이가 좋다

잦은 문자와 잦은 만남보다는 가끔 안부를 묻는 사이가 나는 좋습니다. 🍃

🌱 야식이 없는 삶

　결혼하기 전에는 밤에도 치킨과 라면을 먹고 밤 12시가 넘어야 잠이 드는 올빼미형 인간이었습니다. 그러다가 결혼을 하고 나서부터는 자연스럽게 저녁 6시 이후로는 음식을 먹지 않고 밤 9시가 넘으면 취침을 하는 새벽형 인간으로 바뀌게 되었습니다.

　일찍 자기 때문에 새벽에 동이 터올 때는 알람을 울리지 않아도 저절로 눈이 떠집니다. 이런 생활을 6년 정도 하니 이제는 일상이 되었습니다.

　캄캄한 새벽에서 아침으로 넘어오는 순간은 매우 짧습니다. 아침에 태양이 떠오르기 전 푸르스름하게 날이 밝아오는 모습은 그 어떤 그림보다도 아름다운 색깔을 지녔습니다. 🌱

마음에도 굳은살이 생긴다

　사람으로 태어나 살아간다는 것은 마음의 굳은살이 두꺼워지는 것과 같다는 생각을 할 때가 있습니다. 순두부처럼 부서지기 쉬웠던 여린 나의 마음은 어느새 시간이 지나면서 단단하고 억센 굳은살로 변한 것 같습니다.

　외부적인 상처는 시간이 지나면 낫지만, 내적인 상처는 잘 아물지 않는 습성이 있습니다. 다른 사람들은 알지 못하는, 나만 알고 있는 내 마음 깊은 곳 어두운 곳에 자리하고 있는 억세진 마음의 굳은살을 보며 '그동안 참 고생 많았다'고 스스로 살포시 어루만져 봅니다. 내 마음의 굳은살도 소중한 나의 일부니까 말입니다.

보리 김은주 그림에세이

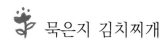 묵은지 김치찌개

작년에 김장을 좀 많이 했습니다. 묵은지를 만들어 먹을 요량으로 말입니다. 9월 말이 되니 김장김치가 폭삭 익을대로 익어 묵은지 맛을 제대로 내고 있습니다.

묵은지에 들기름을 넣고 달달 볶아 밥에 얹어 먹으니 세상부러울게 없는 맛입니다. 묵은지에 두부를 크게 듬성듬성 썰어 넣고 푹 끓여 먹으니 기분 좋은 얼큰한 맛이 납니다.

오늘 우리 부부의 밥상에는 묵은지 김치찌개로 행복한 저녁이었습니다. 🌿

🌷 내가 나를 돌보는 시간

　화를 많이 내는 부모님 밑에서 자란 자녀는 다른 사람보다도 화를 많이 내는 성격으로 성장한다는 통계가 있습니다. 그래서 그 자녀가 결혼해 가정을 이루게 되면, 또 자기 자녀에게 화를 많이 내는 것으로, 화도 대물림된다는 연구결과가 있습니다. 감정적인 면까지도 고스란히 자녀에게 대물림되는 것입니다.

　살면서 화 안내고 사는 사람은 없습니다. 화를 무작정 참는 것이 반복되면 가슴이 답답하고, 화를 계속 쌓아두기만 하면 엉뚱한 곳에서 화가 폭발하고 맙니다.

　오랫동안 받은 상처로 인해 내 안에서 뿌리를 깊게 내린 화는 좀처럼 사라지지 않습니다. 잠시 사라진 듯 보였다가도 혼자 있는 시간이나, 상처를 받았던 비슷한 환경에 처해지면 다시 마음속에서 불같이 일어나는게 화의 성질입니다.

내 안의 화는 매일 아침 문밖을 향해 빗자루로 쓸어내도 어느새 제자리로 돌아와 있습니다. 그래서 매순간 내 맘속에서 화를 다룰 때에는 억지로 몰아내기보다는, 내 안의 화를 잘 다독여 주는 것이 중요하다는 것을 알았습니다.

내 안의 화를 다독이는 것이 무의미한 반복처럼 느껴질지라도 계속 연습하고 연습해야 합니다. 그렇게 하는 것이 진정으로 내가 나를 돌보는 하나의 길이니까요. 🍃

🌱 아름다운 잡초꽃

건널목에서 초록신호등을 기다리는데 전봇대 아래 노란 잡초꽃
이 보였습니다. 선명한 노란색의 잡초꽃은 회색빛 아스팔트의 무채
색과 잘 어울렸습니다. 초록신호가 바뀔 때까지 아름다운 잡초꽃을
바라보다 핸드폰으로 사진을 찍고 며칠 뒤 그림으로 그렸습니다.
흔한 잡초꽃이 너무나 아름다웠습니다.

아름다운 것은 멀리 가지 않아도 어디에나 흔하게 내 주위에 널
려 있다는 것을 알았습니다. 🍃

卍 어둠 속에도
　　한줄기 빛은 있습니다.

🌸 각자의 삶이 있습니다

　우리는 누군가의 딸, 아들, 친구, 아내, 남편, 엄마, 아빠로 여러 역할을 하지만 오로지 나 자신으로서의 삶이 있습니다.

　'우리 모두 함께'라는 공동체 속에 어울려 비슷한 색깔에 묻혀 삶을 살아가지만, '혼자, 무소의 뿔처럼, 홀로' 이루어내야 할 그 어떤 숙명적인 삶이 있습니다. 🌿

卍 사방에
봄꽃이 피었는데
꽃을 보지 못한 것은
꽃의 탓인가
나의 탓인가

권 그 꽃은
　　피어나지도 않고
　　시들지도 않으며
　　시작도 없고
　　끝도 없으며
　　있는 것도 아니고
　　없는 것도 아닙니다.

🌼 잘 모르면 쉽게 오해한다

우리는 어떤 사람이나 상황을 잘 모르면 오해하기 쉽습니다. 자신이 가지고 있는 테두리 안에서 해석하기 때문입니다.

이해할 수 없는 어떤 사람의 행동도 그 사람이 왜 그렇게 행동했는지 속을 터놓고 몇마디 나누는 시간을 가지면 수긍이 가기 마련입니다.

오해하고 비난하는 시간이 많으면 자기 인생이 팍팍해집니다. 이해하고 서로 관심을 가져주는 따뜻한 마음은 자기 삶을 더 여유 있게 만들어 줍니다. 우리는 무한대의 시간을 소유하고 있지 않습니다.

우리 삶은 태어나서 성장하고 늙고 병들어 마침내 인생을 마감해야 하는 한계가 있는 시간 속에 살고 있습니다.

이렇게 한계성이 있는 인생을 보다 의미 있게 살 것인지, 누군가를 배려하면서 포용적이며 품격 있는 삶을 살 것인지는 오로지 본인의 선택에 달렸습니다. 🌿

보리 김은주 그림에세이

🌸 '척'하고 살면 힘들다

우리는 힘든데 힘들지 않다고 혼자 애를 쓰고 살아갑니다. 슬픈데 애써 웃음 지으려 합니다. 힘든데 안 힘든 척하려니 마음이 두 배로 힘듭니다.

또 없는데 있는 척 하려니 더욱 힘듭니다. 불행한데 행복한 척 하려니 마음이 복잡합니다.

힘들면 힘들다고 말하고, 슬프면 슬퍼하고, 없으면 없다고 하는 것은 솔직한 나의 삶이지 굳이 숨겨야 할 그 무엇이 아닙니다.

어떤 면에서든지 솔직해지면 마음이 가벼워집니다. 우리는 밖에서는 늘 웃지만 홀로 있는 시간에는 거울 속에 외롭고, 지친 자신을 발견하기도 합니다.

집안의 불필요한 물건을 버리고 정리하면 공간이 쾌적하고 시원하게 되는 것처럼, '척'하고 살지 않는 것은 마음의 공간을 만들고 마음을 한결 쾌적하게 만드는 길이기도 합니다. 🍃

🌱 매일 출근하는 개미

우리집 베란다에는 30여개의 크고 작은 화분이 있습니다. 오디
나무는 해마다 오디가 열려 아침마다 신선한 오디를 먹을 수 있고,
무화과나무의 무화과는 네개 정도 맛있게 먹었는데 또 다시 무화과
가 열리고 있습니다.

엊그제는 녹차나무에 녹차꽃이 봉오리를 맺었습니다. 그런데 몇
개월 전부터 베란다에 3~4 마리의 개미들이 보이기 시작했습니다.
나는 개미가 주방까지 들어오게 될까봐 조금 걱정이 되었는데 걱정
과는 다르게 개미들은 숫자가 더 늘어나지도 않고 얌전히 베란다를
왔다갔다 하고 있습니다.

실험 삼아 쿠키를 조금 뿌려주니 개미들이 쿠키를 물고 샷시 아래 빗물 빠지는 구멍을 통과해 나가는 것이었습니다. 믿을 수 없지만, 아침마다 개미가 이 높은 곳까지 벽을 타고 출퇴근을 한다고 우리들끼리 소설을 쓰게 되었습니다. 신기하게도 개미들은 비가 오기 전날이면 출근을 하지 않습니다.

어느 순간 순식간에 우리집 베란다가 개미로 바글거리고 부득이 개미약을 뿌려야 하는 날을 상상하며 미리 두려워하지는 않기로 했습니다.

다만 베란다에 슬리퍼를 신고 빨래를 널러 나갈 때에는 개미를 밟게 될까봐 바닥을 유심히 살피게 되지만 아직까지 개미 서너마리와 우리는 잘 공존하고 있습니다. 🍃

🌸 주말에는 도서관으로

　토요일, 일요일 주말에는 도서관으로 출근합니다. 도서관에서 내가 하는 일은 대출, 반납, 서가 정리 등의 일입니다.

　주중에는 계속 작업실에서 무엇인가를 만들어 내다가 주말이면 마치 소풍가듯 도시락을 싸서 도서관으로 갑니다. 주말에만 나오는 선생님들은 예닐곱명 되는데 그들과 반찬 만드는 이야기, 살림 이야기 등 살아가는 소소한 이야기를 나누는 것도 재미있습니다.

　도서관 근무는 대출반납을 하다가 자연스럽게 다양한 책을 접할 수 있다는 점이 제일 좋습니다. 일을 하면서 마스다미리(益田 ミ リ), 권남희 등 여러 작가의 책을 알게 되었고 그들의 열혈 팬이 되었습니다.

　또 동화책에도 훌륭한 작가들의 그림이 많은데 그들의 그림에 감탄하곤 합니다. 마음에 드는 작가들의 그림책을 볼 때면 그들이 마냥 부럽기도 하고, 한편으로는 그림에 대한 아이디어와 열심히 그려야겠다는 원동력을 동시에 얻기도 합니다.

　주말이면 도시락을 싸서 도서관으로 가는 일이 즐겁습니다. 🌿

卍. 모든 것은 하나입니다.

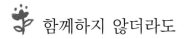 함께하지 않더라도

함께 차를 마시지 않더라도, 자주 만나지 않더라도, 늘 그 자리에 그 마음으로 있어주는 사람이 좋습니다. 좋은 사이는 마음의 관계이지 정기적인 만남으로 얻어지는 관계가 아닌 것을 알았습니다.

🌷 나의 길은 나에게 있다

　책 속에 길이 있다고 하지만 책이나 명언들은 어디까지나 밖에서 타인들이 들려주는 좋은 이야기일 뿐입니다. 좋은 글은 삶에서 긍정적인 지침이 되어주고 내가 길을 걸어가는데 방향을 잃지 않도록 약간의 표지판 역할을 할 뿐이지, 그것이 나의 길과 삶이 될 수는 없습니다.

　결국 내가 매일 하는 생각, 자주 하는 습관,　보고, 듣고, 말하는 것들이 나의 길이 됩니다. 나의 길은 오로지 내가 만드는 것입니다.

　영화처럼 극적인 인생이 아니어도 각자 삶 속에는 충분히 아름다운 것이 들어 있습니다. 남과 조금 다르다 할지라도 내가 원하는 방향대로 나만의 색깔로 살아가는 것, 나를 더욱 사랑하는 것, 나에게 더 관대해지는 것, 하고 싶은 일이 비록 더디다 할지라도 꾸준히 해 나가는 것, 타인의 말로 인해 내 인생이 좌우되지 않도록 스스로를 지켜내는 것, 인생을 조금 멀리 내다보고 큰 그림을 그리며 작은 걸림돌은 무시하고 계속 나아가는 힘을 기르는 것, 그래서 한 번뿐인 나의 인생을 원하는 대로 나답게 살아나가는 것이 중요하다는 생각을 합니다.

누구든 언젠가는 하던 일을 멈추어야 하는 때가 옵니다. 그때까지 내가 추구하는 먹과 화선지, 여백이 있는 수묵화로 마음껏 구상하고, 그것을 그림으로 그려내면서 하루하루 삶을 살 뿐입니다.

오늘도 아침에 일어나 물 한잔을 마시고, 좋아하는 노래를 들으며, 화선지를 펴고 벼루에 먹을 갑니다.

나에게는 제일 쉬운 일이자 유일하게 재미있게 할 수 있는 일인 그림그리는 일상을 보냅니다. 갓 지은 따끈한 밥에 된장국, 잘 익은 김치, 슴슴한 나물반찬을 먹으며 남편과 하루의 일과를 이야기하는 평범한 나의 일상에 감사합니다. 🌿

에필로그

올봄에 '그림과 함께하는 나의 불교이야기'라는 제목으로 책이 나올 예정이었습니다만, 어떻게 하다 보니 나중에 집필한 '나는 가끔 절에 갑니다'라는 책이 앞서 집필한 책보다 먼저 세상에 나오게 되었습니다. 이 책에는 펜과 수묵을 이용하여 풍경, 인물, 정물 등 다양한 장르의 그림을 실었는데 그림들 중에는 이미 SNS에 올린 그림도 있고, 새로운 그림들도 있습니다. 또 다양하게 기획하고 있는 다른 책들이 있는데 차근차근 하나씩 이루어 나갈 생각입니다.

그림을 그리는 사람은 갤러리, 책, SNS 등 어떤 경로를 통해서든지 작품을 세상에 내어 놓고 싶은 마음이 있게 마련입니다. 그림이 액자와 표구를 통해 갤러리에서 감상자들과 만나는 것도 좋지만, 그림이 글과 어우러져 책이라는 형식을 통해 독자들과 만나는 것도 매력있는 것 같습니다.

　시간을 내서 이 책을 읽어주신 분들께 감사하다는 말씀을 드립니다. 늘 당신의 곁에 건강, 행복, 좋은 인연이 가득하시길 바랍니다.

　거룩한 불법승에 귀의합니다.

　나무석가모니불

　나무석가모니불

　나무시아본사 석가모니불

風和花織地 (풍화화직지)
雲淨月滿天 (운정월만천)

바람이 온화하면 꽃이 대지를 수놓고
구름이 걷히면 달빛이 천지에 가득하다.

- 기화(己和) 스님 -

나는 가끔 절에 갑니다

초판발행일 2020년 12월 10일
글그림 김은주
편집   최해룡
발행처 남청출판사
경남 김해시 김해대로1017번길 54
ISBN 979-11-965143-4-1 (03220)
값 13,000원